P.J.シルビア　P.F.ディレーニー　S.マルコヴィッチ 著

金坂弥起 訳

What
Psychology Majors
Could (and Should)
Be Doing:

A Guide to Research Experience,
Professional Skills, and Your Options
After College

大学で学ぶ心理学

学部生・大学院生のための
専攻ガイドブック

誠信書房

What Psychology Majors Could (and Should) Be Doing, Second Edition:
A Guide to Research Experience, Professional Skills, and Your Options After College
By Paul J. Silvia, PhD, Peter F. Delaney, PhD, and Stuart Marcovitch, PhD.
as a publication of the American Psychological Association in the United States of America.

Copyright © 2016 by the American Psychological Association (APA).
The Work has been translated and republished in Japanese language by permission of the APA through Japan UNI Agency, Inc., Tokyo.
This translation cannot be republished or reproduced by any third party in any form without express written permission of the APA.
No part of this publication may be reproduced or distributed in any form or by any means, or stored in any database or retrieval system without prior permission of the APA.

まえがき

　昔の大学はのんびりしていました。今やそんな時代が終わってしまったことを，私たちはむしろ喜ぶべきなのでしょう。学生食堂の日替わりメニューを毎日見逃さない，といったことはともかく，私たちの世代の心理学専攻生は，わりと簡単に卒業できました。現在ではその当時よりも，もっと多くの心理学専攻生がいます。心理学は今も昔も学生に最も人気のある専攻で，毎年，非常に多くの学生が心理学を修めて卒業していきます。2013年，米国でおよそ11万5千人もの学生が心理学の学士号を取得しました（National Center for Education Statistics, 2013）。正確な全体像をとらえることは難しいのですが，目下のところ，4学年全体ではおそらく40万人以上の学生が心理学を専攻していると見込まれます。これは驚くべき数字です。

　ここでちょっと困った問題が起こります。卒業生の数に見合うほどには，大学院や魅力的な就職先が多くはないという問題です。したがって，心理学からもっと多くのことを学ぶためには，そして卒業後の人生の準備をするためには，座学にとどまらず，研究活動を実地に体験することが必要なのです。具体的には，研究会や専門組織に参加すること，文章を書いたり，発表したり，考え抜いたりするスキルを身につけること，学会に参加したり発表したりすることを通して，幅広い心理学の世界を目の当たりにすること，などです。心理学教育の典型的なカリキュラムにおける従来の授業では，そうしたことまで求められないでしょうが，生き残るためには，教室の外へ出て，自らそのようなことを行う必要があるのです。そうしたことをこれから始めようとする皆さんを手助けするために，私たちは本書を書きました。

　本書は，*What Psychology Majors Could (and Should) Be Doing: An Informal Guide to Research Experience and Professional Skills* を増補改訂したものです。第1版は，心理学専攻生が競争力を身につけるためには教室の外で何を学ぶべきか，という本書と同じテーマでした。しかし，主に研究活動を体

験することに焦点づけられていたため，学生たちと読んでいくうちに，もっと幅広い内容を取り上げる必要があることがわかってきました。つまり，研究活動の体験が専門性を深めることの要であるということに軸足を置き続けながらも，学生たちが知りたがっているトピックも盛り込みたいと思うようになりました。そこで，この第2版では新たに6つの章を増やしました（第1章，第3章，第11章，第12章，第13章，第14章）。その他のすべての章にも大幅に手を入れ，組み替えました。大学卒業後の進路選択を考えるうえでの助言，たとえば，ビジネスの世界について考える（第13章），大学院について考える（第14章），業績調書の書き方（第11章），志望理由書の書き方（第12章）など，就職活動や研究奨励制度，大学院入試などに出願する際に必要となることも盛り込みました。また，学生が体験するさまざまな研究活動について，広範にわたって概観しましたし（第1章），学生が教室内で活躍するための教室外での心構えについても述べました（第3章）。

　本書を手伝ってくださったすべての方々のお名前はお載せできませんが，Linda Malnasi McCarter, Emily Ayubi, Beth Hatch, そして American Psychological Association 出版部門の優秀なスタッフには，立派な仕事をしていただきました（本書のもともとのアイデアは Linda によるもので，他の誰も思いつかなかったことだと思う）。心理学の学部教育に関する研究では，活気に満ちた伝統のあるノースカロライナ大学グリーンズボロ校の同僚が，有益なコメントや示唆を与えてくださいました。

　最後になりましたが，私たちはこれまで，授業や研究室で本書を活用してきました。初版の各章にフィードバックをもたらしてくれた多くの学生たちが第2版にも示唆を与えてくれ，冗談が過ぎる箇所を指摘してくれました。そして，役に立つと思うことは何か，将来に何をもたらし，それをいかに広げていくかについて学生たちの考えを聞くのは，楽しい時間でした。本書についてのご意見ご感想は，p_silvia@uncg.edu までお送りください。

目 次

まえがき　*iii*

イントロダクション ─────────────── 1

研究とあなた：そう，教室の後ろのほうでのんびりしている，あなたのことです ─────────────────── 2

どうしてそこまで研究をしなければならないのか ──────── 4

◆大学院に進学する？　*4*

◆大学院に進学しない？　*5*

本書の内容 ──────────────────── 7

第1章　自分の研究テーマを絞り込む ──────── 10

心理学を研究する理由 ───────────────── 10

枝分かれした心理学の研究領域を知る ──────────── 13

研究テーマによって明確になる領域：何を研究するのか ───── 15

◆臨床心理学，カウンセリング心理学，その関連分野　*15*

◆認知心理学，社会心理学　*18*

◆産業・組織心理学，マーケティング心理学　*19*

研究方法によって明確になる領域：どのように研究するか ──── 20

◆神経科学の特徴　*20*

◆応用行動分析学　*21*

◆量的心理学　*22*

対象者によって明確になる領域：どのような人を研究対象とするか ── 22

◆発達心理学　*22*

◆文化心理学　*23*

◆教育心理学・学校心理学　*24*

心理学ではない分野 ……………………………………………… 25

その場での選択肢を最大限活用する ……………………………… 25

まとめ ……………………………………………………………… 26

第2章　研究する機会を見つける ──────── 28

メンターの見つけ方 ……………………………………………… 28

どこに参加すれば良いか ………………………………………… 31

メンターを見つけた後，どうなるのか ………………………… 32

研究体験を申し出る際のありがちな失敗 ……………………… 33

◆もらったものに難癖をつけてはいけない　*33*

◆準備をしないままメンターに会ってはいけない　*34*

◆電子メールを一斉送信しない　*35*

◆研究室から去っていかない　*35*

◆気のない素振りを見せない，労を惜しまない　*36*

研究をうまく始めるには ………………………………………… 36

◆協力して働く：他者とうまくやっていく　*36*

◆プロフェッショナリズムと倫理的行動　*37*

◆忍耐力と回復力　*38*

◆失敗すること　*39*

研究体験の上級コース：自分自身の研究を行って発表する …… 40

◆助成金，コンテスト，学生表彰　*41*

◆研究成果を共有する　*42*

まとめ ……………………………………………………………… 43

目　次　*vii*

第3章　良い成績を収めるには ──────────── 44

専門的なスキルを活かして授業課題に取り組む ──────── 45

認知心理学の知見を学習に応用する ──────────── 47

◆授業に出席すること，注意を集中させること　*48*

◆間隔をあける・理解度を自分で確かめる　*50*

◆学習方法についての神話　*52*

勉強にモチベーションの科学を応用する ────────── 53

まとめ ───────────────────────── 56

第4章　統計から学ぶ ───────────────── 57

ミッションその1：教科書を読み，授業に出席して，多くの

問題を解く ─────────────── 60

ミッションその2：誰かと一緒に勉強する ───────── 61

ミッションその3：計算式を無視する ──────────── 62

ミッションその4：統計の勉強に長期的な見通しを立てる ── 64

ミッションその5：統計の知識を日常生活に応用する ──── 65

統計を恐れる学生のための恐ろしくない情報 ──────── 65

まとめ ───────────────────────── 66

第5章　研究論文を読み込む ───────────── 67

司書と図書館 ───────────────────── 68

情報源を選ぶ ───────────────────── 69

◆信頼できる情報源　*69*

◆根拠が薄弱な情報源　*71*

PsycINFO で学術論文を見つける ─────────── 73

集中的な検索方略 ──────────────────── 75

最も読むべき論文とは何か ……………………………………………… 76

論文の読み方 ……………………………………………………………… 77

まとめ ……………………………………………………………………… 79

第6章　研究論文を書いてみる ——————————— 80

心理学者はなぜ論文を書くのか ………………………………………… 80

APA（アメリカ心理学会）スタイルと，それを好む研究者 ………… 81

論文の構成 ………………………………………………………………… 82

◆イントロダクション　*82*

◆方法　*84*

◆結果　*85*

◆考察　*86*

◆参考文献　*87*

◆格好良くない終わり方：脚注，表，図　*87*

音声，目的，そして文体 ………………………………………………… 88

剽窃 ………………………………………………………………………… 90

刊行に向けて書く ………………………………………………………… 91

支援を受ける ……………………………………………………………… 93

まとめ ……………………………………………………………………… 95

第7章　教室や研究室の外の世界へ ——————————— 96

学内の学術団体や全国規模の組織に入会する ………………………… 96

学内のイベントに参加する ……………………………………………… 98

蔵書を増やす ……………………………………………………………… 99

学会に参加する …………………………………………………………… 100

役に立つ授業をとる（他学科の授業でも）…………………………… 101

目　次　ix

あれこれ手を広げない ……………………………………………………… 103

まとめ ………………………………………………………………………… 104

第8章　学会に参加する ──────────────── 105

学会についての概説 ………………………………………………………… 105

学会大会の実像 ……………………………………………………………… 107

学会大会で何をするのか …………………………………………………… 109

◆口頭発表を聞く　*109*

◆ポスター発表を見に行く　*110*

◆ワークショップや実践的なプログラムに参加する　*111*

◆展示会をチェックする，書籍を購入する　*112*

◆ネットワークと交流　*112*

学会における行動規範とエチケット ……………………………………… 113

◆服装　*113*

◆マナーと行動規範　*114*

◆よく聞くこと　*115*

◆大会参加費用　*116*

まとめ ………………………………………………………………………… 117

第9章　ポスター発表する ──────────────── 118

ポスター発表が楽しいわけ ………………………………………………… 118

ポスターを作る ……………………………………………………………… 119

◆発表要綱には何と書いてあるか　*120*

◆ポスターは大きな用紙1枚か，小さな用紙を貼り合わせるのか　*121*

◆書体とレイアウト　*122*

◆表題　*123*

◆発表者名と所属　*123*

◆イントロダクション　*124*

◆方法　*124*

◆結果　*124*

◆考察　*125*

◆参考文献　*125*

◆配布資料　*125*

ポスター発表の実際 ………………………………………… 126

他の人のポスター発表を見に行く ……………………… 128

まとめ ……………………………………………………………… 128

第10章　口頭発表する ————————— 130

15分間の学会発表 …………………………………………… 131

発表原稿を書く ………………………………………………… 132

◆いくつかの基本事項　*132*

◆スライドのデザイン　*133*

◆最初のスライド　*134*

◆イントロダクション　*134*

◆方法　*135*

◆結果　*136*

◆考察　*137*

◆謝辞と質問　*137*

ブラスト・トーク（Blast Talks） ………………………… 138

まだ緊張していますか？ …………………………………… 139

口頭発表の実際 ………………………………………………… 142

まとめ ……………………………………………………………… 143

目　次　*xi*

第11章　業績調書を書く ———————————————— **145**

業績調書を作り上げる ————————————————— 145

業績調書の項目 —————————————————————— 146

◆名前　*147*

◆連絡先　*148*

◆学歴　*149*

◆受賞歴　*150*

◆刊行　*151*

◆査読中の論文　*151*

◆学会発表　*154*

◆研究歴　*154*

◆学会参加　*154*

◆所属学会　*155*

◆関連のある履修科目　*155*

◆教育歴　*156*

◆パソコンのスキル　*156*

◆語学力，その他の専門的なスキル　*157*

◆推薦者（信用照会先）　*157*

業績調書を更新する ————————————————— 158

まとめ ———————————————————————————— 159

第12章　志望理由書を書く ———————————————— **160**

2段階アプローチ ——————————————————————— 161

◆「致命傷」を避けること　*161*

◆説得力のある志望理由書を作成する　*165*

◆他の目的のための志望理由書　*169*

まとめ ──────────────────────────────────── 172

第13章 ビジネスの世界について考える ──── 173

労働市場における売買 ─────────────────── 174

競争力を高めるには ──────────────────── 177

- ◆ソフトスキルを示すための明白な根拠　177
- ◆卓越した望ましいハードスキル　178

自分が楽しいと思える仕事を見つけよう ──────── 179

- ◆職業興味を幅広く探求する　181
- ◆特定の職業を詳しく調べる　183

まとめ ──────────────────────────────────── 184

第14章 大学院について理解する ──────── 186

え?! まだ学校に通うの? ───────────────── 187

博士課程，修士課程，心理学博士，臨床系，実験系，さあ，

どうしましょう ──────────────────── 189

どうやって出願するのか ───────────────── 191

大学院で何をするのか ────────────────── 196

よくあるいくつかの質問 ───────────────── 198

まとめ ──────────────────────────────────── 201

エピローグ　202

付録：図書ガイド　204

文献　206

訳者あとがき──学問を愛するためのライフスタイル　211

索引　213

イントロダクション

　多くの心理学専攻生は，心理学という学問領域がそれまで自分の想像していたものとは違っていた，と思っているはずです。入学する前のあなたは，心理学とは夢を分析したり，幼児について探究したり，あるいは，覆い隠されていたパーソナリティの一面を明らかにしたりすることだと思っていたのではありませんか。だから，大学レベルの心理学に出会うと，多くの学生は驚いてしまうのです。実際の心理学は科学的で，統計に基づいた幅広く多岐にわたるものです。それは，心理学入門の受講生が予想する以上に，専門的でマニアックな世界なのです。私たちが学ぶべきは，ユング派の原型論ではなくピアジェの認知発達であり，夢分析ではなく分散分析なのです。

　実際の心理学の最も驚くべき特徴は，心理学が研究を重視しているという点です。あなたの指導教員はいつも，「これを調べてごらんなさい」「あれを確かめて」と言うでしょう。心理統計や研究計画法の授業では，主効果か交互作用か，個人内研究か個人間研究かといった，昔ながらの話題に直面することでしょう。あなたの友だちは，あなたが四六時中「行動」だの「認知」だのと言うのをやめてくれればいいのに，と思っています。「意味のある問いには，それに対する探求方法がある」はずで，そうしたことにあなたが自問自答を続けていることに気づくならば，全身全霊が心理学によって貫かれていることがわかるでしょう。

研究とあなた：そう，教室の後ろのほうでのんびりしている，あなたのことです

　上で述べたような一連の研究は誰が行うのでしょうか。心理学の研究者についてのステレオタイプなイメージとして，窓のない実験室で研究している大学院生を想像するのであれば，それは現実と大きくかけ離れたものではありません。ところが，最前線で研究活動を行っている学部生こそが，最も数の多い研究者集団なのです。この25年の間で，心理学では学部生による研究が変化してきました。つまり，かつてないほどの多くの学部生が研究に取り組むようになったのです。たとえば，かつて心理統計や研究計画法といった授業が選択科目だった時代もありました。しかしながら，今や事実上，すべての心理学部でそれらが必修科目となり，しかもほとんどの心理学部で，研究活動を実地に体験できる，カリキュラムとは別の機会が与えられているのです。かつては学部生が学会に参加したり，ましてやそこで発表したりすることは一般的ではありませんでしたが，現在は多くの学会において，学部生が最も大きな参加集団となっているのです。

　学部生がそこまで研究に取り組むようになったのはどうしてでしょうか。また，大学側はなぜそこまで学部生に研究活動の体験を推奨するのでしょうか。さらに，本書がそのことに注目するのはどうしてでしょうか。まず，研究を実地に体験することは，心理学がどのような役割を果たしているのかを実際に目の当たりにするための最も良い方法だからです。大学での標準的な体験では，学生は心理学の研究を間接的に知るだけです。すなわち，授業で研究についてのエピソードを聞き，教科書でそれを読むことはあっても，実際にやってみることはありません。受け身的で肌で感じることのない勉強方法，つまり，大勢の学生が教室に着席して1冊15,000円ほどの教科書を楽しく読む，といった勉強でも悪くはないでしょう。しかしながら，研究を実地に体験すれば，心理学からもっと多くのことを学ぶことができるのです。

　次に言えることは，研究活動を体験することは，**専門的なスキル**，すなわ

ちビジネスの世界で成功するのに必要な実践的な能力を身につけることに他ならない，ということです。あなたにはそうしたスキルが必要なのです。大学も厳しいですが，**実社会**と呼ばれる大学卒業後の世界はもっとハードなものです。大学を卒業すると，ほとんどの人がそれまでの二十数年間には経験したことのないような世界に直面します。たとえば，読書習慣のない人に出会うでしょうし，誰かが**人間**や**組織**について不満を述べたとき，それが何を意味しているかを理解できるようにもなるでしょう。大学時代は，こうしたおぞましい現実世界で生き延びていくために必要なスキルを身につける，唯一の機会なのです。あなたが望むほとんどの仕事には，ぶっつけ本番で人前で話すことや，職務上の文章を書くといったことが，何らかのかたちで含まれるでしょう。話をしたり文章を書いたりする相手は，顧客，将来の顧客，管理者，上司などですが，そうした人たちはすべて，どれほどうまくやってのけるかという観点からあなたの力量を判断しようとする人たちです。ですが，たいていの学生は人前で話すことを嫌がりますし，文章をうまく書くこともできません。あなたには準備ができていますか。話したり書いたりするトレーニングを受けてきた学生を相手に，あなたは対等に勝負できますか。

　第三に，研究や専門的なスキルを学ぶことは，必要最低限のハードルを越えて自ら学んでいこうとするためのひとつの方法です。ここで，典型的な学部生が心理学をどのように体験するか見てみましょう。学生たちはほとんど毎回教室に行き，教科書を読み，立派な成績を収めます。教室に行って教科書を読んで勉強することは，あなたができる必要最低限のことです。すべての授業に出席して優秀な成績を収めたとしても，それは必要最低限のことについて優秀だっただけの話です。あなたのやっていることは，何万人もいる心理学専攻生がやっていることと同じなのです（もし午後の授業で居眠りでもしたら，それはぞっとするような出来事で，あなたは必要最低限のことすらできていないことになる）。

　大学院や企業は，単に時間どおりに教室にやって来るだけではなく，それ以上のことができる人材を求めています。つまり，自分の専門性を深めていくことにある程度まで責任を負える人や，するべきこと以上のことでも自ら

進んで学ぼうとする人を求めているのです。企業の人事担当者から，「いったい大学で何を学んできたんだ？ ただ何となく授業に出席していただけじゃないのか？」と呆れられるような就活生にはなりたくないでしょう。

どうしてそこまで研究をしなければならないのか ————

　心理学を専攻するすべての学部生は，研究活動の体験から多くのことを学んでいます。研究活動と専門的なスキルは，「大学院に進学するつもり」の学生と，「就職したい」学生の双方にとって，同じくらい重要なことです。その理由を説明しましょう。

◆ 大学院に進学する？ ◆

　大学院は難しいところですが，人生のかなりマニアックな楽しみを味わうことができます。たとえば，おいしいコーヒーを飲みながらおもしろそうな研究論文を読むこと，心理統計の専門書を読みながら黄昏時を過ごすことなど楽しみなことがたくさんありますが，何はともあれ，まずは大学院に入学しなければなりません。これまであなたが見聞きしてきたとおり，大学院は競争の激しいところです。人より抜きん出るために，あなたは何をしていますか。指導教員はあなたの推薦状に何を書くべきでしょうか。どうして大学院へ行きたいという気持ちになったのですか。あなたが勉強したいのは心理学のどの分野なのかわかっていますか。もし，あなたが学部時代に心理学の研究活動に取り組んでいれば，これらの質問に容易に答えられるはずです。

　大学院の入学志願者には，たいてい何がしかの研究体験があるもので，そこから多くのことをすでに学んでいる人も少なくありません。大学院を目指すのであれば，卒業論文を書いたことのある人や，研究室で何年間か研究に取り組んだことのある人，あるいは学会でポスター発表したことのある人などと競い合うことになります。こうした人たちがあなたの競争相手なのです。もしあなたに研究体験がなければ，ほとんど勝ち目はないでしょう。しっかりとした研究スキルを身につけていれば，可もなく不可もなくといっ

た大学院進学適性試験（GRE）[訳注1]の点数や，十分ではなかった GPA といったその他の弱点を補ってくれますし，これから大学院でトレーニングを積んでいくのに十分なほど，あなたが研究熱心であることを証明してくれるのです。

　研究体験は競争力をもたらしてくれる以上に，あなたが研究を楽しめる人であることを示してくれるでしょう。大学院ですることは，ほとんど研究だけだからです。研究が嫌いな大学院生は，歯茎が嫌いな歯科医や，死体を嫌がる葬儀屋のようなものです。なかにはそういう変わった人もいるでしょうが，彼らの人生には苦労が多いに違いありません。数学期をかけて研究に取り組み，複数の学会に参加していれば，決断は容易でしょう。研究に取り組んだことがあれば，学生はたいてい自分の研究にさらに没頭し，大学院でのトレーニングに専念することになりますが，大学院が自分に向いていないことに気づいて別のキャリア形成に力を注ぐ人もいます（第13章参照）。

◆ 大学院に進学しない？ ◆

　学部で心理学を専攻するほとんどの人は大学院に行きませんが，その事実はひとつの安心材料となります。大学院はすべての人のためのものではありませんが，学部で心理学を専攻して学士号を取得しただけでも，思った以上に多くのことができるようになります。しかしながら，知っておいてほしい驚くべき秘密があります。それは，大学院に行かないとしても，大学院への進学を希望する学生以上に，あなたには研究の体験が求められるということです。理由は以下のとおりです。大学院への進学を希望する人にとっては，およそどんな研究体験でも十分でしょう。彼らは研究に取り組んだことがあり，研究が好きで，なおかつ，指導教員に推薦状を書いてもらえるに足るだけの成果を上げた，という事実だけを示せばいいのです。そして，大学院時代という長い年月を費やして専門的なスキルを獲得し，それを磨いていくのです。しかしながら，大学院に進学せずに就職を選ぶあなたは，求人市場

---

†訳注1　アメリカやカナダの大学院を受験する際に課される共通の試験。

とビジネスの世界で成功するのに必要なスキルを，卒業までのごくわずかな時間で身につけなければならないのです。

　では，大学院に行かないのに，研究体験がどうして必要なのでしょうか。心理学の学士号を持つ人々との競争は苛烈を極め，情け容赦がありません。筆者たちはノースカロライナ州の中心部で暮らしていますが，そのエリアはいわゆる文教地区で，車で片道60分以内の範囲に10校以上の大学があります。毎年，心理学の学士号を取得して卒業する人は何人いると思いますか。さらに，このエリアでの就職を希望する人が何人いると思いますか。彼らのほとんどは，間違いなくこのエリアでの就職を希望するのです。彼らすべてに良い就職先があると思いますか。あなたの住むエリアはいかがでしょう。その地区に大学が何校あり，そこから心理学の学士号を取得して卒業する人は何人いるでしょうか。そうした人たちすべてが，あなたの競争相手なのです。あなたは会社説明会の会場や採用面接の待合室で，身ぎれいな服装で順番を待つ彼らの姿を多く見かけるはずです。

　心理学は全国的に最も人気のある専攻のひとつで，「まえがき」でも述べたとおり，2013年には11万5千人近くの人が心理学を専攻して学部を卒業しています（National Center for Education Statistics, 2013）。それだけ大勢の人が就職を希望しているのです。競争を勝ち抜くために，あなたは何をしていますか。雇用する側の企業が，あなたを強力な候補者と認めたくなるような特徴は何でしょうか。企業側は，まじめに授業に出席して良い成績を収めたという事実だけで心を動かされることはありません。企業側はそうしたことはすでにわかっていますし，必要最低限のことで優れている候補者は，あなた以外にも山のようにいるのです。必要最低限以上のことをやってきた人を，彼らは雇いたいのです。つまり，スキルがあって，他のプロフェッショナルたちと独創的なやり取りができる人を雇いたいわけです。

　研究体験によって2つの利点があなたにもたらされます。まず，独創性を示す言動さえあれば，雇用する側にあなたが必要最低限のことしかできない者ではないということをアピールできます。雇用する側が雇いたいのは，優秀な成績を収めただけの人ではなく，成績はそこそこであっても研究に取り

組むことをあえて選んだ人たちなのです。第二に，研究体験は有益で魅力的なスキルをあなたにもたらします。雇用する側は，教科書を読むだけの人，定期試験を受けるだけの人を雇う気はありません。むしろ，人前で話ができたり，統計的推論ができたり，文章が書けたり，チームで働いたりして新しいことを学べる人を求めているからです。

本書の内容

　本書は，心理学専攻生として，大学時代の4年間でより多くのことを身につけたいと願っている学生への実践的なガイドブックです。大学での4年間はあっと言う間に過ぎ去るため，大学院に進学するにせよビジネスの世界に参入するにせよ，そのための準備を促す有益な知識やスキル，関係性などを身につけ始めるのは，どんなに早くても早過ぎるということはありません。実践的な実地体験に夢中になったからといって後悔する人はいませんので，早速始めることにしましょう。

　第1章・第2章は，どのようにして研究活動に取り組むか，そして，そこからどうしたら多くを学ぶことができるのかについて述べます。研究体験が職業上の成長のための盤石な基礎となりうるのは，あなたにできる有益な活動，たとえば科学論文を読むこと，学会に参加すること，職業上の専門家集団や団体に入会することなどがすべて，研究に取り組むことから生まれるからです。第1章では，心理学研究の全体像を広く概観します。心理学の研究領域は極めて広範囲に及ぶため，あなたが想像する以上に研究活動に取り組むことのできる機会は多いのです。第2章では，あなたが属する学部の心理学教員が4人であるか40人であるかにかかわらず，研究する機会をいかに見つけるか，そして研究する体験から何が期待できるかを含めて，研究に着手する方法を述べます。

　以降の数章にわたっては，専門性を高め，さらなる水準に達するのに必要な中核的なスキルについて述べます。第3章では，教室の外での心構えをどのようにして授業中に活かすかを示します。学習の科学は，複雑な素材を使

いこなしつつ，モチベーションを維持する確かな方略を提供してくれます。第4章では心理統計に焦点を当てます。なぜなら，心理統計は，身につけなければならない心理学の一側面でありながら，学生が熱心に取り組めないものだからです。第5章では心理学の主要な知見が生み出される研究論文について，それをいかに探し出し，読み込み，そして理解するかを述べます。第6章ではそうした科学論文の執筆方法を紹介します。卒業論文や研究論文，研究計画書を初めて執筆することは容易ではありません。それにどのように習熟するかについて，実践上の助言をお伝えします。

　続いて，心理学の広範囲にわたる学術的なコミュニティへの参入の仕方に話を進めます。学問という濃密な世界に一歩足を踏み入れれば，心理学により深く参入することになり，それがひとつのライフスタイルになるのです。第7章では教室外で学ぶための隠れた機会，たとえば同じ志を持つ心理学専攻生と交流できる学内の集まりや，全国的な組織を紹介します。学会に参加することは，あなたが心理学専攻生としてできる最上のことのひとつで，心理学の研究者は，それぞれお互いの研究成果を学会で発表するのです。学部生も参加し，交流し，発表することが奨励されていますが，実際，そうしなければならないのです。しかしながら，学部生にとっては学会はなかなか敷居が高いところのようです。ほとんどの学生は初めて学会に参加するまでは，学会に何を期待すべきなのかがわからないからです。そこで第8章では，学会における行動規範や原則，そして礼儀作法について，短期集中講座を展開します。また，学会大会ではポスター発表をするかもしれませんので，第9章では優れたポスターの作り方と，その発表の仕方についてのヒントを提供します。おそらく口頭発表をする必要もあるでしょうから，第10章ではわかりやすいスライドのデザインについてのヒントを伝授するとともに，人前で発表する際の不安をコントロールしたり，聴衆を惹きつけたりする方法についても考えます。

　残りの章はすべて，大学卒業後の人生に目を向けています。第11章では業績調書，すなわち，あなたのスキルと成果をまとめた学術上の履歴書の書き方を紹介します。第12章では志望理由書の書き方に移りますが，これはたい

ていの学生が苦労する類のものです。第13章ではビジネスの世界について偏見のない目で眺めてみます。雇用情勢や給与統計，そして就活生がひしめく心理学に関連した求人市場において，一歩先を行くためのスキルを身につけるのに必要なあらゆるポイントを取り上げます。その後，満足できる仕事はどのようなものかについての考え方をいくつか提示し，選択肢を探るための資源について述べます。最後の第14章では，大学院の世界について考えます。大学院の謎，つまり大学院とはそもそもどんなところなのか，どうやって出願するのか，そしてどうしてこんなにも多くの心理学専攻生が最終的に大学院でのトレーニングを求めるのか，といった謎を解いてみます。あなたが卒業後の進路についてすでに決定していたとしても，この2つの章は是非読んでみることをお勧めします。学生の場合しばしば決心が揺らぎますので，早い段階であらゆる選択肢を知っておくことは助けになるはずです。そして，最後のエピローグでは本書全体のまとめを行い，心理学という学問の世界へ向かう道にあなたを誘うことにします。

第1章
自分の研究テーマを絞り込む

　心理学専攻の学部1年生のほとんどは，子どもを支援する心理臨床家か，犯人検挙に協力する FBI のプロファイラーになりたがるものだ，などと冗談を飛ばす心理学教員がいます。この冗談は実情からそれほどかけ離れたものではありません。というのも，たいていの心理学専攻生は，心理学という学問領域が何に関心を寄せているのかについて，大学生活をスタートさせる時点では狭い考えしか持っていないからです。つまり，彼らのほとんどは1対1で行われる治療的関わり[†1]だけが心理学だと思っているのです。しかしながら，心理学は実際には非常に広範囲にわたる学問領域で，膨大な数にのぼる研究テーマがあります。そのため，学生たちが心理学の研究に取り組みたいと思っても，自分たちの選択肢を必ずしも十分には知らないままで，どのようなテーマを掘り下げるべきなのかがわからないのです。そこで本章では，心理学研究の主要な部門を紹介し，学部生が取り組む研究テーマのなかで最も一般的な例をいくつか挙げてみます。これを読みながら，あなたの好奇心をそそる魅力的な研究領域が何であるかについて考えてみてください。

心理学を研究する理由

　研究者はなぜ自分の研究テーマを研究するのでしょうか。自分の所属する学部のホームページをざっと眺めて教員たちの研究テーマを読んでみると，

---

†1　原語は "one-on-one therapy"。

自分が混乱していることに気づくかもしれません。それらのテーマはどれも不可解なほど専門的過ぎて，どうしてそんなテーマに関心を持つに至ったのかがよくわからないと感じることでしょう。研究者というものは，研究上の興味関心を自らのなかで育てていくのです。断言できるのは，あなたの指導教員が，かつて大学に入学した時点ですでに現在の専門的なテーマを是非とも研究したいという情熱を抱いていたわけではない，ということです。教員のほとんどはあなたと同様に，かつては心理学を専攻する学部生だったわけで，当時の彼らもおそらくは自分たちの指導教員の研究テーマに対して，混乱をきたすような奇妙さを感じていたはずです。

　たいていの研究者は，研究上の興味関心を学部生の頃から育て始めます。おもしろそうな研究室に所属し，学部生に教えることに興味を持っている人たちと出会い，そして自分がその研究領域に好奇心を抱き始めていることに気づくのです。ひとつの研究テーマについて，しばらくの間それに取り組むことによって，興味関心がさらに高まります。つまり，あることについて知れば知るほど，それについての興味がますます湧いてくるのです（Silvia, 2006）。研究者と時間をかけて話し込むと，一見したところそれほどおもしろそうには思えなかったことに，なぜそこまでのめり込むようになったのかがわかるはずです。

　ひとつ例を挙げましょう。ある同僚は，一瞬だけ素早く提示される一定の長さの線分が見えたかどうかを，人がどうやって判断するかについて研究していました。彼は，複数の実験協力者が同時に判断するというデザインの実験を行いました。すると実験協力者の一人は，自分自身の実感と参加した他の人から得られた情報の双方に基づいて，線分が見えたかどうかを判断していました。理解しがたいかもしれませんが，アメリカ軍が研究費を援助し続けたので，彼は根気強く研究を続けられました。この実験によってアメリカ軍は，複数の異なる情報源からもたらされる自国の艦船に迫る潜在的な危険性についての情報を，海軍士官がどのように活用するかについて理解できるようになりました。すなわち，士官は経験を積んでいくうちに，部下のなかで誰の情報が正確で誰の情報が曖昧かについての感覚を研ぎ澄まし，そうし

た直観に頼るようになったのです。たいていの基礎研究がそうなのですが，このように専門的で基礎的な研究プロジェクトがなぜ重要であるのかを理解するには，問題意識の背景を明らかにし，現実世界の問題へ応用することを検討するための，ある程度の時間が必要になるのです。

　この実験例は，研究テーマが生まれるのにはれっきとした理由があるということを典型的に示しています。その研究領域が信用できる有益な知識をもたらすから，という理由もあります。ある問題がまったく手に負えないもので何の進展も得られなければ，新しい研究手法が編み出されるまでは，その問題そのものが問題として成り立たないのです。それと同様に，ある研究テーマについて何らかの進展が得られたとしても，重要な意義があるということを研究者が他者に納得させることができなければ，その研究が一流の学術雑誌に掲載されることは難しいでしょう。誰一人としてそのことを真剣には受け止めませんし，誰一人，実行に移すことはないでしょう。反面，それが重要な研究であれば，他の研究者もその探求に加わり，その研究領域は発展することになるのです。研究領域はさまざまな理由で発展するものです。たとえば，その研究領域には重要な応用可能性がある，または私たちに必要な世界についての知識をもたらしてくれる，あるいは他の重要な発見と結びついてその発見の意義が明らかになる，さらには世界について人々が信じていた結論を覆してそれが間違いだったことがわかる，といった理由からです。これらすべては何かを研究するためのわくわくするような理由なのですが，ある問題を研究する数々の動機についての幅広い観点を持つようになって，初めてそうした理由が明確になるのです。

　ほとんどの大学生が，あるテーマに関心を持つようになったのは，身近にいる教育研究アドバイザー（以下，メンターと表記）がまずそのことに関心を持ち，その重要性に注目するように促したから，というのは偶然ではありません。あるテーマの専門家と一緒に研究に取り組むことを通して，学生たちはどうしてその研究に意義があるのかがわかるようになるのです。ときに，以前から温めていた問題意識によって，ある特定の問題に対する答えを探求するように突き動かされ，その過程で支援してくれるメンターに出会う

ということもあります。あるいは，初めて研究に取り組むうちにそのテーマに対する興味関心が芽生え，そのテーマが本当に重要であるということに気づいたり，メンターの支援を受けた人に出会ったり，それがなぜ重要であるのかを説明できる研究者がたまたまそばにいたりしたからこそ，そのことについてますます興味が湧いてくるということもあります。

■ 枝分かれした心理学の研究領域を知る ───────

　あなたは心理学の勉強を始めたとき，すべての心理学者がS.フロイトのように，カウチに横たわった人が困っている問題を語るのに耳を傾けている，と考えたかもしれません。しかしながら，今では心理学者が非常に広範囲にわたる領域の研究を行っているということが，間違いなくわかっているはずです。全米国立科学財団が心理学を「ハブ学問」と呼んでいるのは，心理学が放射状に伸びるスポークによって，さまざまに異なる学問領域とつながっているからに他なりません。研究はしばしば，複数の研究部門から集まった専門家で構成されるチームによって行われるもので，個々のメンバーは独自の専門的知識を持ち寄ります。本書の執筆陣もこれまで多くのタイプの心理学者に加えて，情報システムの研究者，交通工学者，教育者，生物学者，法律家，ビジュアル・サイエンスの専門家といった研究者たちと連携してきました。あなたが人々に多様な専門的知識をもたらす課題に携わることになるとしても，驚くことではありません。

　心理学の内部でさえ，研究テーマはとてつもなく多様です。極めて広範囲にわたる領域を守備範囲にする人もいれば，極端に限定されたテーマに興味関心を傾注する人もいます。ラテン系の若者の大うつ病の治療について研究している人たちは，統合失調型パーソナリティ障害を研究している人たちとは必ずしも同じではありません。ましてや，大学生における抑うつ症状の出現と不快な気分との関係を研究している人とも同じではありません。所属する研究室が数多くの領域に貢献しているか，それとも特定の現象だけに限定して研究を深めているかを知りたければ，尋ねてみればいいのです。

あなたが取り組むかもしれない心理学研究の個別のテーマについて，その
すべてを一覧にすることはおそらく不可能でしょう。しかし，心理学の研究
を楽しむためには，研究領域の範囲の広さを意識したうえで，取り組むであ
ろうことについての何がしかの考えを念頭に置いておくことが重要だと思い
ます。心理学者はひとつかそれ以上の研究領域に，自分自身を位置づけてい
るのが一般的です。そうした研究領域の多くは，あなたの手元にある心理学
の教科書の章の表題と同じものです。たとえば，ある研究者が自分のホーム
ページで「ステレオタイプの形成に関心を持つ社会心理学者」と自己紹介し
ているとすれば，それは，その人が自分の研究をどのようなものと見なし，
どの領域に照準を合わせているかを知らせてくれているわけです。ところ
が，私たちの経験では，学生はときとして心理学者が必ずしもたったひとつ
の領域に照準を合わせているわけではないという事実を知って，混乱するよ
うです。たとえば，「認知発達神経学者」と自己紹介する人がいますし，「老
年学の量的研究を行う応用社会神経学者」や，「マイノリティの精神保健に
焦点づけた実験的臨床研究者」といった名乗り方もありうるでしょう。

　その人がどんな名乗り方を選ぶかは，自分の研究をどのようなものと見な
しているかによるのです。研究領域は以下の重要な4つの問いによって分類
されます。

　　（1）　**何を**研究するのか［目的］
　　（2）　**どのように**研究するのか［方法］
　　（3）　**どのような人を**研究対象とするのか［対象］
　　（4）　**どうして**その研究をするのか［背景］

　あなたの興味関心が主に**目的**という問いにあるのなら，研究テーマに基づ
いた心理学の下位分野が明らかになるでしょう。たとえば，文法の習得方法
を研究したいのなら，あなたは認知心理学者になるわけです。**方法**に関心を
持つとすれば，あなたが用いる研究方法に基づいて，領域が明らかになりま
す。たとえば，量的研究を行う心理学者は高度な数学的・統計的手法を用い

ますし，神経科学者は生物学的手法を用います。ただし，神経科学者の場合，脳（「何を」，つまり研究テーマ）を研究するために特殊な手法（「どのように」）を用いるという，「何を」と「どのように」の問いがつながることもあります。**対象**に関心を持つのであれば，どのような人たちを対象にするかに基づいて，研究領域が明確になります。たとえば，子どもについて知りたければ，子どもの発達という領域になるでしょう。最後に，**背景**という問いは，その一連の研究によって，あなたが何をしようとしているのかを説明できます。素朴な知的好奇心や新しい知見を見出したいという願望から研究するのであれば，そうした研究は**基礎研究**になります。もう一方は，**応用研究**，あるいは**橋渡し研究**です。これらは通常，その研究が間違いなく現実の生活に応用可能であり，なおかつ自らを「応用心理学者」と位置づけるなら，実践への応用や実用化が可能な研究に取り組んでいるということを意味しているのです。

研究テーマによって明確になる領域：何を研究するのか

　特定の研究テーマに強い関心があるのなら，何を研究するのかという最初の問いに基づいて，自分の研究領域がはっきりすることでしょう。心理学の主要な領域の多くは，研究テーマをめぐって体系づけられているからです。最も人気のある領域のいくつかを見てみましょう。

◆ 臨床心理学，カウンセリング心理学[†2]，その関連分野 ◆

　学部生の立場では，どのようなタイプの治療的実践も行うことはできません。一般的に言えば，クライエントを担当するには住んでいる州で資格を取るか，資格取得に向けトレーニングを受ける必要があるのですが，いずれに

---

†2　日本の大学では，臨床心理学とカウンセリング心理学とが明確に区別されることは少ないようである。

しても大学院に進学する必要があります。というのも，概して心理学には，問題を抱えた人を支援する方法を発展させるための**科学者−実践家**モデルがあるからです。つまり，人を支援するには，まずはそうした支援や介入を実践するための科学的根拠を理解しておかなければならないのです。なぜなら，支援方法は心理学研究に根差したものだからです。たとえあなたが最終的には応用的な業務だけに専念したいと思っていても，それを行うためのしっかりとした科学的な根拠を学ぶ必要があります。

　心理臨床家はメンタルヘルスにまつわる深刻な問題を取り扱います。うつ病や不安障害，注意欠如多動性障害（ADHD），パーソナリティ障害など，心理学入門で学ぶあらゆる障害の概念は，臨床心理学に含まれます。また，心理臨床家はしばしば，アルコールやドラッグなどの物質依存症に関わることもあります。ほとんどの州で心理臨床家は薬物を処方することはできませんので，そうしたクライエントの治療に際しては，医師，特に精神科医と緊密な連携をとる必要があります。

　臨床心理学研究では，障害についての知識やその治療法の探求が求められます。また，障害がどのようにして生じるかについて理解する試みも多く含まれます。そうした研究の一部として，さまざまな要因をアセスメントし，それらが臨床的な症状と関連があるかどうかを見極めるために，質問紙検査を行うこともあります。また，ある特定の能力を必要とする実験課題を与え，症状がその課題遂行の方法と関係があるかどうかを実験することもあります。たとえば，アルコール依存の徴候を示す大学生が，アルコールについてのネガティブな言葉よりもポジティブな言葉のほうに早く反応するかどうか，あるいは，友人から仲間外れにされるような微妙な言動を受けた後で不安になるかどうか，さらには，今すぐもらえる少額のお金と，もらえるまでに1週間待たなければならない高額のお金のどちらを選ぶか，といったような課題です[3]。もっと言えば，知人にアルコール依存の人がいるという対象者に，多飲酒傾向の人々の人づき合いのあり方について質問する面接調査を

---

†3　「満足の遅延」「遅延価値割引」という概念に関した実験。

行うこともあるでしょう。そうした人たちは，ある特定のタイプの友人を持つ傾向にあるか，両親が特殊な価値観を持っている場合があります。これらの知見はどれも，アルコール依存に陥りやすい人とそうでない人がいるのはどうしてかという問題に光を当て，アルコール問題を防いだり減らしたりするための介入方法をもたらしてくれるのです。

　また，心理臨床家は治療にも関心を持っていることから，治療効果の比較研究も彼らが行っています。そうした研究において学部生は，一日のさまざまな時点でどのような気分になるか，それによって症状が悪化するか改善するかについてのデータ入力を手伝うことになるでしょう。そうした研究の目的は，ある特定の治療を受けているグループが，何の治療も受けていないグループや，典型的な治療を受けているグループよりも改善するかどうかを理解することにあるのです。

　カウンセリング心理学の専門家は通常，精神的なトラブルではなく，人生におけるさまざまな問題を取り扱います。たとえば，人間関係上のトラブルや学校や大学での問題，深刻な挫折の後に人生をどのように立て直していくか，などについて考えています。臨床心理学の場合と同様，カウンセリング心理学の専門家が学ぶ技法も研究に根差したものです。カウンセリングの方法が効果的かどうかを確かめたり，コーピングスタイルのひとつの機能として仮想上の問題に取り組む方法を検討したり，人づき合いのあり方がコーピングに及ぼす影響を見極めたりしています。また，カウンセリング心理学の研究室では，視線を逸らすことにまつわる社会的相互交渉の様子を撮影したビデオをデータ化したり，人種問題に関する侮辱や軽蔑をどのように乗り越えたかについて，学生が書いた体験記をデータ化したり，さらには，他者を傷つけた後に自分を許すことに関する性格的な決定要因を研究したりします。

　臨床心理学研究もカウンセリング心理学研究も，常に研究室の中で行われているとは限りません。ときには研究室から出て，フィールドで研究することもあります。たとえば，極端に恥ずかしがりの子どもの自宅に出向いて，子育てについてその子の両親と面接することを依頼されるかもしれません。

また，米国に移り住んで3年以内のスペイン語圏の移民に会って，彼らのアメリカでの体験についてスペイン語でインタビューすることになるかもしれません。その一方で，人に会わない臨床心理学研究もあります。というのも，多くの臨床心理学研究には，すでに完成された研究方法によって得られた大規模なデータを扱うことも含まれているからです。その場合，新しいデータを入力するか，入力ミスをチェックすることになります。あるいは，論文を調べて，一定の基準に基づいて，ある特定のテーマについてのメタ分析[4]にその論文を含めるかどうかを判断することもあります。さらには，研究協力者になってくれそうな人に電話をかけて研究室に招いたり，地元のイベントに参加して研究協力者を募るコーナーを設営することもあるでしょう。

◆ **認知心理学，社会心理学** ◆

認知心理学者は心の働きについて，社会心理学者は他者の存在がいかに影響するかについて，それぞれ研究しています。一般的に言って，**認知心理学者**は，思考，推論，記憶，言語，スキル学習といった心理的過程に注目しています。**社会心理学者**は，人間関係，説得，偏見やステレオタイプ，自己概念などに興味があります。この2つの研究領域は心理学のなかで最も大きな分野となっていて，その多くが心と脳がどのように働いているのかについての基礎研究ですが，応用的な研究も双方には含まれます。

法と心理学は，認知心理学と社会心理学の双方にまたがる下位分野です。裁判心理学の研究は通常，法律執行の効果や訴訟手続きに関するものです。たとえば，目撃者による人物同定が最も正確なのはどのようなときか，あるいは，却下するように指示された場合，陪審員は聞き及んだ情報の影響を受けずに済むかどうか，さらには法体系におけるバイアスなど，それらの研究はどれも裁判心理学の領域で行われます。しかし，たいていの場合，法と心

---

[4] 独立に行われた複数の効果研究を統計的に集約し，全体としての仮説検定を行う方法（中島ら編〈1999〉『心理学辞典』有斐閣を改変）。

理学や裁判心理学は，それぞれ独立した個別の分野ではありません。むしろ，その分野の研究者はたいてい，認知心理学者や社会心理学者としてのアイデンティティを持っているのです。

　社会心理学のもうひとつの下位分野は**健康心理学**で，心理的過程と健康との多くの関連性に取り組んでいます。健康心理学者は，医師の先入観が自分の行う治療に影響を及ぼすかどうか，それについてどう考えるべきか，さらには，末期がんへの対処法，禁煙の支援，健康なライフスタイルと食生活の促進，といったことを研究しています。

◆ 産業・組織心理学，マーケティング心理学 ◆

　極めて応用的な側面を持つ心理学の領域は他にもあって，産業・組織心理学とマーケティング心理学がそれです。これらの領域からは，大学教員のみならず，企業にサービスを提供する人材が輩出されています。それは，臨床心理学やカウンセリング心理学がケアを提供する人材を輩出しているのと同様です。それらの心理学は大学の心理学部に位置づけられることがしばしばですが，最近ではビジネススクール（経営学大学院）に置かれることも増えてきました。あなたの大学でも，心理学部とビジネススクールの2カ所をあたってみても無駄ではないでしょう。

　産業・組織心理学の研究では，ビジネスの世界をどのように改善していくべきかが探求されています。たとえば，パーソナリティ特性によって小売業の職場における遅刻を予見できるかどうか，非公式な助言者の存在が女性管理職の業務にどのような影響を及ぼすか，などが研究されています。産業・組織心理学の専門家の多くは，研修プログラムを考案したり，職場内での対立や摩擦を減らすために従業員との面談を実施したりするなど，最終的には企業で働くことを選びます。それ以外の人は多くの場合，ある特定の成果を必要とする企業にサービスを提供するコンサルタントになります。たとえば，従業員がその会社の存在意義をしっかり理解しているかどうか，従業員が不満を感じていないかどうか，業務内容が効率的かどうか，といったことへのアセスメントなどのサービスです。この領域では量的データに基づく高

度に専門的な研究が行われますので，たとえ応用分野で働くことを希望して
いるとしても，研究計画法や心理統計のしっかりした基礎固めが求められま
す。

　一方，**マーケティング心理学**の研究では，説得がどのように行われるかに
ついての理解に焦点が当てられます。したがって，社会心理学や認知心理学
と密接に結びついています。その証拠に，マーケティング学部に所属する大
学教員の多くは，心理学の出身なのです。マーケティング心理学の分野で学
位を持っている人は，しばしば企業に採用され，広告効果の検証や商品販売
の改善のために知恵をしぼっています。また，大学に所属する研究者もい
て，売買にまつわる説得について研究しています。マーケティング心理学の
研究室では，細かい部分がたった1つか2つしか違わない映像素材を作って
説得の効果を比較検討したり，離れつつある顧客を「取り戻す」ためのタイ
プの異なる謳い文句のパンフレットを作ったりします。そのうえで，そうし
た素材を用いて実験を行ったり，集団にアプローチしたり，ある商品をどの
ように感じたかについて事前に決められたカテゴリーを用いた自由回答式の
質問に消費者に答えてもらい，その回答をデータ化したりしています。

研究方法によって明確になる領域：どのように研究するか

　大工職人と時計職人とでは，仕事として何をするかだけではなく，仕事の
仕方や使う道具によっても違いがはっきりしています。心理学についても同
じことが言えます。つまり，心的現象を理解するために用いる手法は，その
研究内容と同じくらい特徴的なのです。

◆ 神経科学の特徴 ◆

　冒頭で，神経科学が，**目的**と**方法**の両方にまたがっている研究領域である
と述べました。**神経科学**は脳とその機能についての領域ですので，主に脳の
働きに関心があれば，神経科学者になりうるのです。それに加えて，神経科

学という名称は，脳に注目するための一連の方法を示すラベルとしても適用されます。この場合，そのラベルが，どのように研究するかを明確に表しているのです。したがって，圧力のかかった状況での意思決定について理解したい場合であっても，用いる方法が（MRIによって脳活動を測定するといった）神経科学に基づくものであれば，（内容というよりはむしろ）その測定装置に基づいて，神経科学者であると見なされるわけです。

　神経科学者のなかには，脳のどの部分が活動し，細胞レベルのニューロンがいかに機能しているかについて，動物実験を通して明らかにしようとする人がいます。また，MRIやERPといった診断装置を使ったり，脳損傷の患者に神経心理学的な実験を試みたりするなど，人間を研究対象にしている神経科学者もいます。神経科学の研究室では，ラットの脳切片を調べる，ハトのキーつつきの回数を観察する，人間の赤ちゃんがどのように利き腕を発達させるかを確かめる，といった研究に取り組むことになるでしょう。そうした研究ではたいてい生物学や化学の知識が必要とされるため，神経科学に興味を持つなら，生物学や化学を副専攻科目にすることを考えるべきです。

　精神物理学は，身体面での変化が心の変化にいかに反映されるかについて調べます。この分野では，ストレスや努力，社会的相互作用，その他の日常生活のありとあらゆることに対して身体がいかに反応するかを理解するために，興味深い実験装置を駆使します。精神物理学者は典型的には，自律神経系の活動や情動体験に基づく表情の微妙な変化，眼球運動や瞳孔拡大などを調べるために，皮膚上に電極やセンサーを貼りつけるといった非侵襲的な測定方法を用いています。

◆ 応用行動分析学 ◆

　B. F. スキナーによって有名になった行動主義のおかげで，多くの学生，特に自閉症児の研究に取り組みたいという学生は，大学院において**応用行動分析学**を履修することができます。行動分析から生まれた技法は，心理学の他の多くの領域にも取り入れられていますが，言語行動における（古典的なスキナー学派の用語でいう）**要求言語行動（マンド）**と**報告言語行動（タク**

ト）の違いを理解したいと思っている人に，一定の居場所を与えています。行動分析学の領域で修士以上の学位を持つ人は正式な認定資格を得ることができますので，この領域における有資格者は広範囲にわたる職業の選択が可能です。

◆ 量的心理学 ◆

量的心理学は，心理学に対して数学的，統計的アプローチをとることによって定義づけられます。データのコンピューターモデルに基づいて研究したり，ある種のデータを分析するための統計的手法を開発したりします。なかにはコンサルタントとして働いて，そうしたデータを扱ううえでの助言を必要としている人を支援する人もいます。**精神測定学**の領域で研究する場合と同じで，人間の知識や能力，特性を測定するのに貢献する面があります。この領域が自分に向いていると思えば，数学や統計学を副専攻にすると良いでしょう。狭い領域ですが需要が高まっています。

対象者によって明確になる領域： どのような人を研究対象とするか

心理学において私たちは，しばしば研究する対象群を明確にしたくなります。たとえば，臨床心理学の領域では，子どもを専門とする心理臨床家がいます。他にもいくつもの下位分野がありますが，それらは主に，研究者がどのような人たちを対象にするかによって説明されます。いくつか例を挙げてみましょう。

◆ 発達心理学 ◆

発達心理学は，研究対象とされる現象そのものよりはむしろ，生涯にわたって横断的に認められる現象を研究しているという特徴があります。たとえば，赤ちゃんは人間の顔をどのようにして認識するようになるのか，いつ笑うのか，階段の段数は下りよりも上りのほうが多いと思っている子どもが

いるのはなぜなのか，恥ずかしがりの子とそうでない子がいるのはどうして
か，さらには，年配の人は若い人に比べて物事をこなすのがゆっくりしてい
るのはなぜか，といったことに興味を持つのなら，発達心理学に関心を持っ
ていることになります。これらのテーマは，心理学における「他」の研究領
域の一部として分類されることもありえます。たとえば，子どもの学習や記
憶といった側面が4～6歳にかけてどのような変化をするかに着目するので
あれば，認知発達心理学者と見なされるでしょう。あるいは，友人関係の
ネットワークがうつ病の発症に及ぼす影響について研究するのなら，社会性
の発達についての研究者となるでしょう。それらすべてが発達にまつわる
テーマであるのは，成長や加齢に基づく変化という文脈から，それらのリ
サーチ・クエスチョン（研究課題）が立てられているからに他なりません。

　急激に変化し続ける時代のせいで，たいていの発達心理学研究は子どもに
関する研究にならざるをえないのですが，本来，生涯のどの時期についても，発達心理学的な研究を試みることは可能です。加齢を研究する下位分野
は山のようにあります。加齢の心理学はまず何よりも，年齢を重ねることの
心理学的側面と内面的変化に焦点を当てます。たとえば，高齢者が自分自身
の記憶を頼りにすることに消極的になるのはどうしてなのか，高齢者はどう
して年齢を重ねるにつれて家族や親族にこだわるようになるのか，などにつ
いて研究することになります。ここで留意してほしいのは，こうした研究
が，加齢に関するあらゆる側面を研究する**老年学**と混同されるべきではない
ということです。

◆ 文化心理学 ◆

　文化心理学あるいは**マイノリティのための心理学**は，独立した下位分野と
いうよりは，ある特定の文化もしくは文化の集合体について研究する包括的
な研究領域であって，その文化での価値観や経験，課題などが含まれます。
文化心理学はある特定の文化や，その文化のなかのマイノリティに焦点を当
てることが特徴です。多くの研究者は，探求しようとする現象が他の文化よ
りもある特定の文化において著しく際立つこと，かつ，それが偏見や差別と

の間で相互に影響しあうという事実を明らかにしてきました。文化的な価値観，たとえば**家族主義**，すなわち家族に対する義務を重要視するというラテン文化の理想が，いかにして私たちの発達をもたらしているか（Stein et al., 2014）に興味を持つなら，文化心理学という領域がふさわしいでしょう。同様に，LGBTQ[†5]問題に興味を持つなら，あなたの研究は性的マイノリティに焦点づけられるでしょう。多くの場合，研究成果が掲載されるのは，テーマや研究対象群によって特徴づけられる専門的な学術雑誌になります。

　言うまでもありませんが，研究したいと思っている対象に深く精通していることが大切です。したがって，文化心理学に興味を持つ学生には，研究に役立つ副専攻か重複専攻が必要になります。人類学やジェンダー論，社会学などがその選択肢となるでしょう。興味を持つ文化集団が自分の母国語以外の言語を持つならば，その言語を副専攻にすることもとても重要になります。

◆ 教育心理学・学校心理学 ◆

　教育心理学は，心理学部よりは学校教育学部に属する場合が多い心理学の一分野です。教育心理学は子どもたちがどうすれば学校という環境のなかでうまくやっていけるかに焦点を当てますので，ひとつの集団を対象にする領域です。教育心理学が発達心理学と異なるのは，加齢に伴って子どもがどのように変化しつつあるのかではなく，学校現場や教師の実践面に注目しているからに他なりません。教育心理学者は，発達心理学者や認知心理学者，社会心理学者などと同じようなテーマの研究を多く行ってはいますが，教育心理学者の場合は学校という環境のなかでのテーマなのです。ですから，たとえばある時点での児童・生徒一人ひとりの数学力に焦点を当てるのではなく，学期を通じて数学力を伸ばしていくための教育実践がどうあるべきかに関心があるのであれば，認知発達心理学者として研究することも可能ではあ

---

†5　Lesbian, Gay, Bisexual, Transgender, Queer/Questioning の略。Queer/Questioning とは，自分の性的嗜好を決めかねている人のこと。

りますが，教育心理学者として関心を持つほうがもっとふさわしいでしょう。

学校心理学も学校における子どもに注目しますが，たいていの場合，学校現場で支援を行うために州の認定資格取得を目指すための領域です。たとえば，学校心理士は学力の適切な学年水準を設定するために子どもたちに知能検査を施行したり，困難を抱えた児童・生徒にカウンセリングを行ったり，児童・生徒が抱える問題の解決をめぐって教師にコンサルテーションを行ったりします。したがって，教育心理学に比べればはるかに応用的な分野であり，それほど研究志向的ではありません。

心理学ではない分野

心理学の研究にトライしてみて自分には向いていないと感じたら，違う分野（第14章参照）に進んだほうが良いかもしれません。心理学の学士号を持つ多くの学生は，次の学位を取得するために他の学問領域に進みます。たとえば，臨床心理学やカウンセリング心理学を修めた学生は，公共的な問題に対して直接的な解決を試みたり，困難な社会的問題に真正面から向き合ったりするソーシャルワーカーを目指します。多くの大学では心理学部とは別に社会福祉学部がありますので，そこで行われている研究に出会うことができるでしょう。また，法律学の学位を求める人，医療分野（医師や看護師，コメディカルスタッフなどの養成課程）に進む人，リハビリテーション・カウンセリングや遺伝カウンセリングといった，類似の健康関連領域に進む人なども多くいます。あなたの大学にこうした学部や学科があれば，そこで行われている心理学関連の研究を見つけて，それに取り組むことも可能なのです。

その場での選択肢を最大限活用する

所属している学部において，最も熱心に取り組みたいと感じる分野の研究体験が得られないとき，どうしたら良いでしょうか。科学としての心理学は

非常に広範囲にわたりますが，所属している心理学部は必ずしもそうではないかもしれません。研究体験は常にその場で行われますので，つまり所属する大学の教員と一緒に進めることになりますので，選択肢が必ずしも多くない場合もあるでしょう。大規模な州立大学には心理学の教員が50人前後もいるでしょうが，小さな私立大学では3～4人かもしれません。大きな学部においてさえ，心理学全体の研究領域から，たとえば法と心理学，産業・組織心理学，文化心理学などが割愛されている可能性があります。

　しかし，完璧を求め過ぎて，本来の目的がおろそかになってはいけません。完璧ではないからといって何もしないのでは意味がありません。できることをするべきでしょう。何を研究するかにかかわらず，たいていの研究体験からは同じメリットが得られます。つまり，メインとなるスキルはどのような研究分野にも適用できるのです。すなわち，研究倫理，科学において基本的な土台となる考え方，論文の読み方，研究チームにおける効率的な作業の進め方など，研究体験から学びうることはたくさんあります。学部生としての研究体験が大学院への進学目的と一致すれば申し分ないのですが，おおかたの学生は自分自身の興味関心とはほんのわずかしか結びつかない事柄に取り組むことになります。私たちの経験では，こうした事態は最終的な研究領域への新たな視点を学生にもたらすという意味で，学生にとってはむしろ強みになることが期待できると思っています。

▌まとめ

　心理学の研究に着手することは，海外留学中に見つけたレストランで料理を注文するようなものです。つまり，馴染みのない多くの選択肢があるなかで，選んだものが心を惹きつけるものであるか，ぞっとしないものであるかを事前に知ることは難しいのです。しかしながら，たいていの研究は，それについて知れば知るほどおもしろくなっていくはずです。なぜなら，研究が行われることにはそれ相応の必然性があるからです。研究の背後にあるモチベーションや，そのモチベーションがいかにふさわしいものであるかを知れ

ば知るほど，そうした必然性はますます明確になっていきます。

　あなたが取り組むかもしれない研究領域は，目がくらむほどたくさんあります。その研究室でどんな研究が行われているかについて最も明瞭に示してくれるものは，自分が何を行っているかを示すために教員が用いているラベル名称です。そうしたラベル名称は，目的（何を研究するのか），対象（どのような人を研究対象とするのか），方法（どのように研究するのか），応用研究か基礎研究か（研究成果をどう活かすか）などによって決定されるのです。

第2章
研究する機会を見つける

　学部生はどのようにして研究に取り組めば良いのでしょうか。研究する機会を見つけることは，どの科目を履修登録すべきかを決める以上に，探索的なプロセスを必要とします。まずはどのような選択肢があるかを知らなければなりませんし，研究室に出入りするための許可を得る段取りや，必要な条件を満たす手続きなども心得ておく必要があります。本章では，初心者が研究の機会を見つけるための迷路を，迷うことなく通り抜ける方法を紹介します。具体的には，メンターを見つける方法，面接を受けるための準備，研究室で研究を始める方法を説明します。そのうえで，研究体験の当初ではどのようなことが得られそうか，数学期にわたってその研究に取り組み続けることで何が得られるかについて，詳細に述べていきます。

メンターの見つけ方

　何はともあれ，いずれ指導を受けることになるかもしれないメンターにアプローチする必要があります。指導を受ける前に探さなければなりません。自分の研究のために頼りになるメンターを見つけるには，どうすれば良いでしょうか。ひとつには，自分にふさわしいキャリア上の目標を考えてみることです。たとえば，認知神経科学者になりたいと思っているとすれば，認知心理学や生物学的心理学を研究している人を探したくなるはずです。すでにある特定の研究領域を念頭に置くほど心理学に通じているなら，目指そうとしている研究領域にたとえわずかでも関連するようなテーマに取り組んでいる人は誰なのか，学部内を尋ねて回ってみてください。

あなたが興味を持つ領域の研究を誰も行っていなければ，当初，わくわくすることのなかった領域の人と一緒に研究すると良いでしょう。学生がある研究領域に興味関心を抱くのは，その領域をそれなりに理解できるようになってからのことがしばしばですので，第1章で述べたとおり，完璧を求めすぎて本来の目的がおろそかになってはいけないのです。研究はあくまで研究であって，これから先どのような研究に取り組むにせよ，身につけたスキルがいつかきっと役立つはずです。

自分の興味関心がまだはっきりしていない場合や，関心のあるテーマを誰も研究していないような場合には，とにかくアクセス可能なメンターの誰かを訪ねれば良いのです。もしくは，心理学のどの授業が魅力的だったのかを思い返し，その授業の担当教員を訪ねても良いでしょう。あるいは，埃をかぶった心理学入門の教科書を再び引っ張り出してみてください。各章は心理学の一分野であり，気に入った章が見つかれば，その領域で研究している人を探せばいいのです。学部のなかでアクセス可能と思われる教員のリストを作ってみてください。オフィスアワーの時間を見計らって訪ねていき，研究アシスタントを探しているかどうかを確認してみてください。多くの心理学部において，研究体験への助言が可能なメンバーのリストを用意しているばずですので，そのようなリストがあるかどうか心理学部の事務室に尋ねてみてください。さらに，心理学部内のあちこちの掲示板に研究室を宣伝するチラシが貼られているでしょうから，どのような告知がなされているか掲示板をチェックすることも大切です。大学の心理学部に Psi Chi の支部（Psi Chi とは心理学専攻生対象の育英会。詳細は第7章を参照）があれば，あなたにふさわしい方向性を示してくれることでしょう。住んでいる地域の Psi Chi 支部や，大学の心理学サークルに入会すれば，学部生の研究室への出入りを誰が受け入れているかについての手がかりが得られます。

心理学部の外でも探すことができます。心理学の専門家はしばしば，心理学部以外の学部でも働いています。求めているものが心理学部内で見つからなければ，学内にカウンセリング学科があるかどうか確かめてください。心理学の専門家がいるその他の関連領域は，コミュニケーション学，マーケ

ティング学，人間発達，教育学，公衆衛生学，スポーツ科学，看護学，家族研究，生物学，老年学，言語学，医学などです。これらの学科はあなたの大学では別の名前で呼ばれているかもしれませんが，そこにはメンターとして力になってくれる研究者がいるでしょう。

　研究する機会として，外国に行くこともできるでしょう。留学制度では，1学期の間，外国の提携機関に所属することになります。その機関のHPをチェックすれば，そこの教員とともに研究体験ができるかどうかがわかります。その場合，問い合わせのメールをそこの教員に送り，1学期の間，研究体験の支援が得られるかを知りたいということを伝える必要があります。このルートで挑戦することに決めたなら，本章の後半で紹介するインタビューを受ける際のヒントを心にとめておいてください。やがて，指導を受けられそうなメンターから，電話インタビューを受けるかもしれないからです。

　メンターを探すもうひとつの方法は，夏期研究の機会についてウェブで検索することです。全米科学財団は，学部生のための研究体験（Research Experience for Undergraduates: REU）と呼ばれるプログラムに資金提供をしています。全米科学財団のウェブサイトを見れば，どこの大学がREUを受け入れているかがわかります。個々のREUプログラムは受け入れ大学で実施されており，全国から集まった優秀な学部生がその大学の研究者とともに行う夏期研究体験に申し込むことができます。申し込みが受理されれば，給付金を受けられる（つまりお金を使える）とともに，受け入れ大学より家賃と食費の全額を支給されるか，補助金が支給されます。たいてい，ひとつの大学につき約10名の学生が受け入れられるので，新しい仲間と出会って，近い将来，連絡を取り合う間柄になれるでしょう。受け入れ大学に所属している間は，メンターと密接に連絡を取り合いながら研究に取り組み，自分独自の研究からある種の研究体験を手に入れられるとともに，他のREU参加者とともに特別講座を受けることもできます。REUプログラムでは相当な力をつけることができるため，そこで少しでも早く研究に着手することは後々の強みになることでしょう。

どこに参加すれば良いか

　すでに述べたとおり，研究体験を積むための第一歩は，メンターを探すことです。そのうえで，研究体験を出発させる手軽な方法は，研究計画法か心理学研究という授業を履修することです。これらの授業内容には，研究を進めていくうえでの指導や助言が含まれています。すなわち，こうした授業では，研究のためのスキルが教えられるとともに，研究計画を立てて実践すること，つまり，研究のデザイン，研究の実施，結果の分析，それらの記述と発表（場合によっては，他の学生とグループになって行われる）がしばしば求められます。それらの授業で取り組んだ研究について論文を執筆する場合には，今述べた研究計画の手順で進められますので，あなたは将来のメンターに，自分には研究を推し進める力量があるということを示せるわけです。

　もっと深い研究体験を得るには，何らかのかたちで自分独自の研究を行うことがオーソドックスな方法です。たいていの心理学教員は自分自身の研究を行っていて，あなたのような有望でモチベーションの高い学生を研究室のスタッフとして求めています。研究大学（たいていの大規模州立大学，大学院のある私立大学，教養教育のための大学などを含んだカテゴリーをそう呼ぶ）の教員は，定期的に研究論文を刊行することが求められているからです。そのため，大規模大学の教員はたいてい，大勢の研究アシスタントを抱えた活発な研究室を運営しているのです。比較的小規模な大学では，各教員に対して個別の研究室が割り当てられていないかもしれず，研究大学に比べると，そうした大学の教員はむしろ教育のほうに力を入れている場合もあるでしょう。とはいえ，小規模大学の教員であっても，親身に指導してくれる可能性があります。なぜなら，小規模大学では教員一人当たりの担当学生数が少ないからです。あなたが小規模大学に所属していて希望する研究機会が得られないのであれば，ひとつの選択肢として近隣の大学の教員に問い合わせてみることです。私たちは地元の短期大学や教養教育のための大学の学生

に対して，研究に関する助言を行ったことがありますが，そうした学生の単位取得が可能な場合もありました。大学のなかには，近隣の大学との単位互換性の「共同運営（コンソーシアム）」授業の履修を認めているところもあります。そのため，研究上の選択肢が限られているとすれば，自分の大学が別の大学とそうした提携関係にあるかどうか，あちこち尋ねて回りたくなるでしょう。いずれにしても，主体的に独自の研究に取り組めば，体験を高めるとともに，あなたの心理学の学位に箔がつくことになるのです。

　はじめの一歩としては，あなたの大学が学部生の研究をいかにサポートしてくれているかを見極めることです。具体的には，心理学部の事務室に詳しく尋ねる，教員の研究室を訪問する，あなた独自の研究に単位を認定してくれる講座を学部の履修要綱で確認してみる，などです。そうした講座にはたいてい，研究指導，抄読指導，自主研究，あるいは研究体験といった名前がついています。申し込むには，たいていの場合，教員の許可が必要ですので，そうした講座を担当している教員は誰なのかを把握しておかなければなりません。

■ メンターを見つけた後，どうなるのか

　メンターになってくれそうな人に初めて接触した後，おそらく短時間の面接に呼ばれることになるでしょう。面接は教員か研究室主任やポスドク[†1]の研究生，あるいは大学院生といった，その研究室で研究している人によって行われます。誰が面接するにせよ，研究職の世界は競争社会であることを忘れないでください。教員はあなたをトレーニングするために時間を費やそうとしているわけで，あなたがそれに見合う人材かどうかを知りたがっているのです。

　面接では何を尋ねられるのでしょうか。おそらくは今の学年，これまで履修してきた講座，長期的に目指している専門分野，研究室が求めている特殊

---

†1　原語は "postdoctoral" で，博士課程修了者を意味する。

なスキル（たとえば，母国語以外の第二言語，コンピューター・プログラミングのスキルなど）について尋ねられるでしょうが，そうした質問の目的は明白です。すなわち，あなたが有望かどうか，勤勉かどうか，そして，やる気があるかどうかを知りたいわけです。そうしたことを念頭に置いたうえで，たとえ尋ねられなかったとしても，研究室側があなたを選びたくなるようなあらゆる情報を自由に発信してください。たとえば，育英会のメンバーであるとか，（発達心理学の研究室に応募するのであれば）子どもと一緒に活動した経験があるとか，そこの教員の論文を何本か読んだことがある，といったことを述べたくなるはずです。

▌研究体験を申し出る際のありがちな失敗 ──────

　ある面では，研究に関わりうまくやっていくには，うんざりさせられるような，あるいは生産的とは言えないような，ありがちな行動を避ける必要があります。ここでは非常によくある例を挙げてみましょう。

◆ もらったものに難癖をつけてはいけない[†2] ◆

　たとえメンター探しに躍起になっているとしても，あるいは，ふさわしいメンターが現れそうになくても，ある教員があなたを評価して研究室に採用しようとする幸運に恵まれるかもしれません。教員は常に有望な学生を求めているもので，多くの教員は授業で特に優秀だった学生を次の学期で研究室に招き入れようとします。そうした幸運が目の前にやってきたときは，辞退する前にじっくりと考えてみるべきです。もちろん辞退してもよいのですが，早まってはいけません。その教員は，あなたの潜在的な資質を見出してくれて，教えるために時間を割きたいと思っている人なのですから。

──────────

†2　慣用表現 "Don't look a gift horse in the mouth" の定訳。かつて馬を買うときに口の中を見て年齢を判断したことに由来するとされる。ここでは文脈上，お声かけいただいたご縁を無駄にするべきではないといった意味合いであろう。

◆ 準備をしないままメンターに会ってはいけない ◆

　誰かと一緒に研究しようと思うなら、その人の論文を何本か手に入れ、まずは読んでみることです。大学の図書館に行けば、ほとんどの学術雑誌の論文がオンラインで手に入ります。論文を熟読すると、それについて何かコメントしたくなるものです。たとえば、自分はその研究のどこが気に入ったのか、どうしてそのことに関心を持ったのか、あるいは内容にまったくついていけなかったなどです。困ったときのために、第5章では論文の見つけ方や読み方についてアドバイスしています。

　メンターとの面接は、そのメンターがあなたの力になってくれるかどうかを見極める絶好のチャンスです。表2-1は、その研究室で研究に取り組むかどうかを決定する際に役立つ質問のリストです。研究室でのあなたの体験

表2-1　メンターになってくれそうな人への質問例と、それを尋ねたくなる理由

質　問	理　由
スケジュールはどの程度、柔軟にすればよいですか？	スケジュールの立て方を知りたいが、大学の授業に出席することに加えて研究するのであれば、時間を固定したほうが助かる。研究によっては、毎週、時間に融通を利かせなければならない。この点についてあらかじめ知っておきたい。
最終的に何の提出が求められていますか？	期末試験があるか？　レポートか？　それとも研究発表か？
研究室では何をすればよいのですか？	典型的な1週間はどのようなものか？　どういったことができるようになれば良いのか？
何学期かにわたって取り組むことが期待されていますか？	人それぞれであるが、前もって知っておきたい。
何学期かここで研究すれば、卒業論文が書けるようになりますか？	卒業論文は就職活動や大学院進学に有利だが、指導してくれない教員もいる。
ここの研究テーマに追いつくには、何を読んだらいいですか？	読むことを通じて知的で賢い人になりたい。

が必ずしも完璧である必要はありませんが，求められていることやキャリアを前進させる可能性を現実的に達成させられるかどうかについては，知っておくべきでしょう。

◆ 電子メールを一斉送信しない ◆

「心理学の先生方，こんにちは！　私はRod。心理学専攻の2年生で，なるべくなら有給の研究機会を探しています。どこかいい研究室をご存知でしたら，できるだけ早くご返信ください！」。私たちの知る限り，こうした迷惑メールのようなお尋ねに返信する教員はいません。正式な電子メールを送るには，時間をかけて，一人ずつ送信するのが礼儀です。さらには有給のポストを期待しないことです（稀なことだが，手元に情報があれば教えてくれる教員もいる）。

◆ 研究室から去っていかない ◆

ひとたび誰かと一緒に研究することにしたのなら，唐突に気持ちを変えてはいけません。最も一緒に研究したい人は誰なのかを判断して，面接ではその人が自分にとって最もふさわしい人であることを訴えてください。研究室に所属することを提案されたら，その提案を受け入れるか辞退するか即座に決断しなければなりません。その提案をいったん受け入れた以上，責任を果たさなければなりません。ある研究室に所属することに同意しておきながら，別の研究室に出入りすることで時々しかやって来ないということになれば，あなたは気まぐれな人だと思われてしまうだけではなく，教員も研究室のスタッフの配置が難しくなってしまいます。ある研究室に適応できなければ，それはあなたが忙しすぎて，研究にはまったく専念できない人であることを意味してしまいます。教員同士はお互いによく知り合っているので，そうした人がすぐに別の教員の研究室に所属するなら，どちらの教員からも見込みのない人だと判断されてしまうのです。

◆ 気のない素振りを見せない，労を惜しまない ◆

その研究室に所属したいかしたくないかにかかわらず，学生というのは驚くほど気まぐれで，研究室に所属するかどうかについて明らかにしようとしません。誰しも優柔不断で風変わりな人とは，メールのやり取りや面接のために時間を浪費したいとは思いません。そんな態度では不まじめな人に見られてしまいます。あなたも，まじめで研究熱心な人だと思われたいはずです。研究室に所属する提案を受けるかどうかという場面で，その提案を受け入れる心づもりがないのであれば，教員が研究スタッフを求めているかを詮索すべきではありません。また，あなたに期待されている参加の仕方は典型的には標準的なもので，研究室からのどんな要望にも応えうるフリーサイズの適応様式です。教員はあなた一人のためだけに例外を作りたくはないので，研究室で過ごす時間やそこでの活動，やらなければならないことなどについて，労を惜しんで努力を怠るようなことをしてはいけません。そのことで押し問答にならないように注意してください。

研究をうまく始めるには

学部生が初めて研究に取り組むとき，どのような振舞いが期待されているのでしょうか。本項では学部生がとるべき典型的な行動を挙げ，それらの行動が，あなたが考えている以上に大切である理由を説明します。就職活動や大学院受験のとき，あるいは志望理由書（第12章参照）を書くとき，さらには，あなたが学んできたことに関して何を述べたら良いか迷ったときなどに，本項に立ち返って参考にしてください。

◆ 協力して働く：他者とうまくやっていく ◆

企業は他者と協力して働くことのできる就活生（大学 4 年生）を求めています。ですから，規模の大きい研究室で研究している学生は，「チームで研究した経験がある」ことを履歴書に掲げることができます。チームで効率的

に研究を進めることの重要な側面は，相手が知りたがっている情報を忘れず
に共有することです。たとえば，誰かの実験に研究協力者を割り当てたのな
ら，その協力者が実験室にやってくることをその人に知らせるのは当然で
す。また，実験の最中に何かまずいことが起これば，自分が失敗したことを
メンターにしっかり報告するべきであり，そのデータをなかったことにして
はいけません。もうひとつの重要な側面は，自分の役割を十分に果たす，つ
まり信用される献身的な研究者であるべきであって，気まぐれや怠慢は論外
です。どのような大集団においても，いたずらに同僚の仕事を増やしたり，
人の揚げ足をとったりする人がいるものですが，そのような人になってはい
けません。

◆ プロフェッショナリズムと倫理的行動 ◆

　心理学の研究では，プロフェッショナリズムが求められます。研究の過程
では，研究協力者やその可能性のある人とやり取りすることになるでしょ
う。たとえば，研究協力者を募集し，データを収集するとします。こうした
協力者はしばしばあなたと同世代の大学生なのですが，もっと広く，地域の
子どもだったり年上の人だったりすることもあります。いずれにしても研究
協力者の前では，あなたは自分の属する研究組織や学部，さらには指導教員
の研究室の看板を背負った立場にあるわけです。

　多くの学生が，プロフェッショナリズムの初歩的な段階で失敗するもので
す。研究アシスタントが遅刻すると（時間ぎりぎりになって姿を現すのも，
同じくらいよくないが），研究チームのメンバーのみならず，忙しいなか，
親切に時間を割いてくれた研究協力者に対しても迷惑をかけることになりま
す。学生のなかには基本的なマナーが身についていない人もいます。たとえ
ば，面食らうほど下品なメッセージや絵柄がプリントされた服ではないか，
職場にふさわしくない露出の多い服装ではないか，振り返ってみてくださ
い。度重なる遅刻，不適切な服装，研究協力者の前での汚い言葉遣い，酒に
酔った状態でやって来るなど，プロフェッショナリズムの欠如を理由に研究
室から追放される学生も時々いるのです。

プロフェッショナリズム以上に，倫理的行動も必要とされます。研究倫理はここで詳細に取り上げられないほど深刻なテーマですが，あなたの所属する研究室でも，研究に該当する倫理事項について話し合ったり，心理学研究における主要な倫理問題や倫理的原則についてのトレーニングが行われたりするはずです。研究という文脈のなかで倫理的な振舞い方を学ぶことは，中核的なスキルではありますが，すべての学生が十分に身につけているわけではありません。非倫理的な問題行動の例としては，研究協力者に関する情報や研究協力者の反応を SNS に投稿する，データをていねいに取り扱わない，人間の尊厳と自律性に敬意を表さないような倫理的配慮を欠いた振舞いをする，といったことです。研究は真剣勝負であり，その研究のなかで専門家として倫理的に振舞うことを学ぶのは，研究体験における主要な学習目標のひとつなのです。

◆ 忍耐力と回復力 ◆

プロフェッショナリズムは，研究を開始するうえでの必須課題です。研究体験全体を通じてプロフェッショナリズムの水準を維持することは，さらに重要なことです。多くの学生は，自分の姿が透明人間のように周囲には見えていないと思っている可能性があります。すなわち，授業をサボる，遅刻する，300 人規模の心理学入門の授業で居眠りをするなど，大したことではないと思っているようです。しかしながら，研究の場では透明人間であろうはずもなく，それどころか絶えず周りから見られているのです。あなたは，いつも同じ時間に遅れずにやってきて，うまく物事をやりこなすことができる人であるということを示さなければなりません。メンターから信頼され，大学院進学や就職に際してありがたい推薦状を書いてもらえるのは，そうした専門家としての資質によってなのです。

成績が極めて優秀な学生の間では，優秀な研究者になるには優れた才能さえあればいい，といった神話があるようです。優れた才能そのものは傷つくことはありませんが，できる人とできない人との違いは，物事がうまくいっていないときや困難な状況にあるとき，あるいはストレスフルなときに，プ

ロフェッショナリズムを絶えず維持できるかどうかです。比較してみるとわかりますが，状況が厳しいときにへこたれる学生は，大成することは決してないでしょう。企業や大学院は，誰もがいつも悪戦苦闘を強いられていることを知っていますので，あなたが粘り強い人であるか気まぐれな人でないかを，見極めようとしているわけです。

　また，学問研究はときとして思いどおりに進まないこともあります。同じ実験を何度も繰り返さなければならなかったり，失敗しそうになったりすることもあるでしょう。うまくいかなくなりそうなとき，研究アシスタントのなかには，手抜きをしたり，わずかに遅刻して来たり，求められている以上のことをしようとしなかったりする人もいます。そうした人たちを反面教師にしなければなりません。物事がうまくいっていないときでも腐ってはいけないのです。むしろ，それらを楽しみ続ける方法を探してみてください。その研究がそうした望ましくない展開を見せるのはどうしてなのかを解明してください。これから先の研究に向けて知恵を絞り，それについてメンターとディスカッションしてください。そのテーマの論文を読んで，もっと深く掘り下げてください。

◆　失敗すること　◆

　失敗は誰にでもありますので，失敗したときにはそれを素直に認めましょう。何が起こったのかを書き出して，メンターに説明してください。失敗は慎重に回避しなければならないものですが，研究はときとして不首尾に終わることもあります。不首尾に終わったことを何も起こらなかったように装ったり，紛らわしいデータでまとめ上げたりするよりは，素直に失敗を受け入れるほうがはるかに誠実なのです。学問研究の目的は，メンターの前で完璧な振りをすることなどではありません。データが正確であることが，何よりも重要なのです。自分の失敗を正直に受け入れて，それに真摯に向き合える学生は，プロフェッショナリズムと誠実な人柄を体現していると言えるのです。

研究体験の上級コース：
自分自身の研究を行って発表する

　研究体験の初歩的段階を乗り越えると，おそらく自分自身の研究計画に挑戦してみたくなることでしょう。多くの学部において，研究を計画し実施したいと思っている学生のための，長期にわたる正式な選択科目があります。たとえば，あなたの学部には必修科目として，あるいはやる気のある学生向けの選択科目として，キャップストーン科目[†3]や4年生時の研究課題などがあるでしょう。他学部には卒業論文を書くための卒業研究科目があるかもしれません。もちろん，メンターに相談することで自身の研究を開始することも可能です。最低でも1学期間，研究室で活動をして，あなたの能力と真剣さがすでに示されている場合は特にそうです。

　自分の研究計画を進められる選択科目があるのなら，メンターが行っている研究を忠実にお手本にすべきでしょう。多くの学生は，人間の行動について独自の壮大な理論を打ち立てることが自分たちに期待されていると思い込んでいるので，研究計画を遂行するという発想の前で，どこから手をつけたらいいのかわからずにたじろいでしまっています。それとは対照的にたいていのメンターは，所属している研究室がすでに取り組みつつある理論や研究のうえに，あなたの研究を積み上げてほしいと願っているのです。したがって，研究を支援する助言者として言うと，所属している研究室の主要な研究テーマについて，ある程度は熟知しておく必要があります。一般の人が信じていることとは対照的に，良いアイデアはどこからともなく湧き起こってくるものではなく，まして心のなかや，生まれつき才能豊かな人の頭脳から生まれるものでもありません。そうしたアイデアは読むこと，それも超人的で型破りなまでの読書量から生まれるのです。あなたが巨人の肩の上で立ち上

---

†3　学部4年間の集大成として，個人やグループで長期にわたって研究に取り組み，最終的にそれを発表するという課題が与えられる。

がるには，あなたのテーマについてその巨人が言ったことをまずは知る必要
があります。それはつまり，膨大な量の文献を読み込む必要があるというこ
とを意味しているのです。メンターがあなたの研究テーマについて深く知れ
ば知るほど，あなたが興味深い革新的なことをやろうとしていると思っても
らえます。また，あなたの研究がうまくいき，活字として刊行され，他の研
究者からの注目を集める可能性も高まるのです（第6章参照）。

　いったんテーマを選んでしまえば，あとは全力でそのテーマに関する先行
研究を読み込み，研究デザインを組み立て，実行に移すこととなります。時間
管理のスキルの真価が問われるのは，まさにこの段階においてです。という
のも，大学生には他にも興味関心が向く多くの活動があるからです。すぐに
やらなければならないことも絶えずありますので，研究に費やすべき時間が
いつの間にか犠牲になってしまうことにもなりかねません。しかし，研究に
着手しない限り，研究は先には進まないのです。

　メンターとともに週単位の具体的な目標を設定して，週ごとに研究のため
の時間を確保すれば，それらの目標の到達に近づくことになるでしょう
(Silvia, 2007)。生化学の試験対策と同様，いったん決めた研究時間を大切に
確保してください。つまり，時間をずらしたり，変更したりしてはいけない
のです。万が一のっぴきならない理由から時間を確保できない場合には，ス
ケジュールを組み直すべきでしょう。スケジュールに厳密で，それを忠実に
実行するのなら，研究計画がいかに早く進むかに驚くでしょう。逆に，気が
向いたときだけ研究に取り組むのなら，毎週の研究計画がいかに進んでいな
いかに，やはり驚くことでしょう。

◆ 助成金，コンテスト，学生表彰 ◆

　ほとんどの大学には，学部生の研究を奨励するために，研究に取り組む学
生に報奨金を給付するプログラムがあります。学部生の研究を支援する全学
規模のコンテストについては，学部や大学，あるいはメンターに尋ねてみて
ください。大学のHPで「学部生の研究」を検索すると，教員ですら知らな
かったようなコンテストや賞金を発見することがしばしばあります。また，

多くの大学では年1回のポスターセッションや1日がかりの研究集会を支援しており，そこで学生が完成させた研究を発表すると，賞を獲れるかもしれません。一定の条件を満たす研究を成し遂げたなら，そうしたコンテストがあるかどうかを確かめて，エントリーしてみてください。賞が獲れれば，履歴書に書かれたその受賞歴が燦然と輝くでしょう。専門的な学会でも学部生の研究に対して賞を出していますが，その点については第8章で詳しく述べることにします。

　さらに，多くの大学で，学部生の研究に助成金を出しています。助成金もコンテストのようなもので，研究計画書を送って専門委員会の査読を受けます。あなたの計画書が申請した人のなかで最高のものであれば，その研究計画を実行するための研究費を受け取ることができます。大学に学部生の研究のための助成金制度があれば，卒業論文のための研究を手掛ける前に必ず応募すべきです。

◆ 研究成果を共有する ◆

　研究の最前線にしばらくいると，もっと広い学問的なコミュニティで研究成果を共有する準備ができてくるでしょう。以降の章では，そのための多くの方法を述べることにします。最も良い方法は学会に参加する（第8章），つまり，学生や教員が最新の研究成果を持ち寄って発表する場に参加することです。学部生が学会で発表するのであればポスター発表（第9章）になるでしょうが，経験が豊富なら，ゆくゆくは口頭発表（第10章）ができるかもしれません。研究成果を共有するもうひとつの方法は，活字として発表することです。うまくいけば，研究をきちんとまとめ上げて投稿した論文が，専門の学術雑誌に掲載されるかもしれません。教員にとって学部生のために論文の執筆を支援することは滅多にない名誉なことです。論文執筆がもし可能なら，あなたにとっても逃すべきではない貴重な機会となるでしょう（第6章）。

まとめ

　優秀な研究者になることを学ぶのは，容易なことではありません。優秀な学生研究者と平凡な学生研究者を区別するものは，研究に取り組んでいる間にどれだけ楽しい思いをするかではありません。楽しすぎるという理由から研究の続行を断念する人はいません。研究体験の成果を手に入れたければ，研究テーマにこだわり続けて時間を最大限活用し，可能な限り問い続け，貪欲に学ぼうとすることです。だんだん学んでいくうちに，自身の研究計画を立て，学問の世界にあなたの足跡を残したいと思えるようになるでしょう。

第3章

良い成績を収めるには

　心理学の授業で優秀な成績を収めるには，他の専攻分野と同じくらいしっかりと勉強する必要があります。言うまでもありませんが，授業のなかでうまくやっていくことは，他の分野の専攻生と同様，心理学専攻生にとっても重要です。企業や大学院はあなたの資質を見極めようとする際，ある程度まではGPAを参考にします。しかし，それよりももっと重要なこととして，心理学の授業内容が将来のキャリアプランや知的成長にとって重要であるということ，だからこそ授業内容を習得することが必要不可欠であるということを，指導教員が期待を込めてあなたに納得させてきたという事実があります。授業内容を習得できたということを証明するために，とにかくA評価をもらいたいと次第に考えるようになるでしょう。

　私たちの経験では，学生たちは，どうすれば大学でうまくやっていけるかについて多くの疑問を持っています。そのような疑問への答えは，彼ら自身が知っていると誰もが考えているようです（学生はそのことを滅多に認めないが）。確かに，大学でこれほどまでにやり遂げてきたのですから，実体験に基づいて授業でうまくやっていく方法をすでに知っているでしょう。しかし，重要なことは，あなたの専門分野，すなわち心理学という学問分野が，こうした疑問に対してもっと役に立つ解答を提供してくれているということです。実体験に基づくものとは異なり，学問としての心理学によって導かれた解答は，研究を通して**実証的に確かめられています**。だからこそ，心理学は学生がうまくやっていくための解決策を，単なる個人的な見解に基づくものではなく，科学に由来したものとして提供できるのです。

　あなたは，心理学専攻生として大学で学んだことを学業全般を改善するた

めに応用できるという，他の分野にはない独自の立場にいます。つまり，心理学とは動機づけと学習の科学を明らかにする学問領域でもあるので，心理学の知見を自身の生活や人生に応用することによって，学業をレベルアップさせることができるのです。

▌専門的なスキルを活かして授業課題に取り組む ────

　本書の「イントロダクション」において，心理学を専攻するうえでの取り組み方として，専門性を高めていくことの重要性について述べました。心理学を専攻するにあたって，必要最低限以上のことをどのようにやりこなしていくかについては，教室外での体験のために育てている専門家としての意欲的な姿勢を教室に持ち込む方法を考えてみると良いでしょう。あなたの目標は将来の職業に必要な一連のスキルを身につけることであって，ただ単に必要最低限のことをすることではありません。授業を慎重に選択することも，そのためのひとつの方法なのです。

　たいていの大学には，授業選択を支援するアカデミック・アドバイザー（教育支援員）がいます。その人に会う前に，自分がどんな種類のスキルを身につけたいのか，少しだけ考えてみてください。おそらく，コンピューター・プログラミングや研究計画のスキル，あるいは第二言語などの習得に興味を持っていることでしょう。これらのスキルはすべて，職業上の目標に合致するものです。卒業後に自分が何をしたいかがわかっていれば，アカデミック・アドバイザーはどんな授業が必要なスキル習得に役立つかについて，有効な助言をくれるでしょう。また，研究室で研究に取り組んだことで，大学院生やメンターがあなたのことをよく知っていれば，そうした人たちに尋ねることもできます。結局のところ，目標は，将来的に役立つスキルを獲得する手段，そして大学在学中に獲得する知識に奥行きと広がりをもたらすための手段，という観点から授業を考えることなのです。

　専門的なスキルを活かす取り組みは，あなたと指導教員との関係を見直すことにもつながります。教員はあなたの学業のために利用可能な資源であっ

て，打ち負かすべき宿敵ではありません。教員は本当にあなたの学業を気に
かけてくれているのです。指導教員を（あなたを苦しめる人ではなく）助言
者と見なせば，授業中に質問することは悪いことではないとわかってくるで
しょう。学生が質問したりヒントをもたらしたりすることを，教員側が学生
による「授業への貢献」と見なすのには十分な理由があります。すなわち教
員は，自分たちには明白に思えても，同じ予備知識を持ち合わせていない初
学者にとってはそれがしばしば難解なものであるということを，よくわかっ
ているのです。それどころか，学生から授業内容が理解できないと知らされ
るときこそ，教員は自らの講義や授業課題を，担当する学生にふさわしいも
のへと改善することができるのです。あなたが質問すれば，授業内容のどの
部分がしっかり伝わっていないかを教員に知らせることができますので，教
員の側は新しい情報を探して提供しようと努めるのです。これこそが，授業
への貢献の本質なのです。よくわからないことについての明確な説明を求め
たからといって，知性を欠いた無作法者のように見なされることはありませ
ん。そのことは約束します。また，学生は他の学生からどのように思われる
かを気にするものですが，驚くべきことに，他の学生はあなたが発言したり
質問したりすることに，実は密かに感謝しているのです（なぜなら，あなた
のおかげで自分が質問しなくて済むのだから）。

　多くの教員は，「授業への参加の仕方」[†1]を示すことによって，授業への貢
献を義務的なものに変えています。私たち教員は，そうすることが学生に自
由な発言を促すことに他ならないと考えがちです。しかし，重要なポイント
は，授業内容に関連のある**適切な**貢献者となることなのです。授業中に発言
する目的は，他の学生に対してその授業内容の有用性を明確にすることに他
なりません。あなたの発言が理解と協力をもたらすことに役立つなら，ある
いは提示された素材を間違いなくわかりやすいものにするなら，他の学生は
ありがたく感じることでしょう。ただ，残念なことに，多くの学生は，ふと
した思いつきや個人的な身の上話を授業中に差し挟むことが，授業への貢献

---

†1　あるいは，シラバスによくある見出しとしては「受講上の注意」。

だと勘違いしています。ある発言が授業内容に関係あるかどうかについて疑わしいと感じたら，判断を保留するか，他の学生に確認してみてください。疑問点を書き出し，翌週の授業時間まで取っておいても良いでしょう。その疑問点が本題から逸れたものかどうかをどうしても知りたければ，授業の後に教員をつかまえて確認するか，オフィスアワーに教員を訪ねていくのが最も良い方法です。

認知心理学の知見を学習に応用する

　専門的なスキルを活かす取り組みには，自分が学んだ心理学の知見を自身のために用いることも含まれます。充実した学び方に関する知見についてはすでに紹介しました。認知心理学者はしばしば，子どもの水泳教室を選ぶのにどれくらい時間がかかるかについて階層ベイズモデルを当てはめるといったような，限られた人にしかわからない極めて難解な事柄で頭がいっぱいのようです（Anglim & Wynton, 2015）。しかしながら，一方で認知心理学は授業中の学習へ応用可能なヒントも多く発信しています。表3-1は，学習を改善する事柄や，学生がしばしば重要だと考えるものの，実際には大して重要ではない事柄のリストです。

表3-1　学習や記憶を改善する，あるいは改善しない事柄

改善する事柄
- 授業に出席する（Credé et al., 2010）
- 無理に詰め込むのではなく，間隔をあけて学習する（Delaney et al., 2010）
- 理解度を自分で確かめる（McDaniel et al., 2009）
- 注意散漫にならないようにする（Anderson et al., 1998）

改善しない事柄
- 教員の授業準備がていねいである（Carpenter et al., 2013）
- 教科書の要約を書き出す（Spirgel & Delaney, 2016）
- 授業中の発表に合った「学習スタイル」や，学習スタイルの好みを持っている（Pashler et al., 2008; Rogowsky et al., 2015）

◆ 授業に出席すること，注意を集中させること ◆

　認知心理学による知見のなかには，高い志を持つ意欲的な熟練者の一般的な態度と完全に一致するものがあります。たとえば，授業に毎回必ず出席するべきです。心理学入門の授業において，授業への出席率と成績との間には，相関係数でおよそ0.6の正の相関関係にあることがわかっています（心理統計の授業をまだ履修していない人のために補足すると，要するに授業によく出席する人ほど成績が良いということ）。この結果は特に驚くに値しません。というのも，大規模なメタ分析[2]からは，授業への出席率は，標準化された試験の点数や高校時代の GPA，あるいは学習習慣の測定値などよりも正確な GPA の予測因子であるという結論が導かれているからです（Credé et al., 2010）。さらには，出席の義務化という強制的な方針によって学生に授業への出席を求めることが，やはり成績を向上させることもわかっています（あなたが疑うといけないので注釈を加えるなら，意義深い学びは大学の授業中に生じていることも証明されている）。それどころか，私たち自身の学生時代の経験として，授業をサボることはよくないとわかってからは，大学の成績が見違えるように向上したことを証言できます。

　同様の意味合いから，適切に学ぶということも重要です。教育研究者のなかには，長時間勉強する学生とそれほど勉強しない学生とを比べても成績に大した差はない，というがっかりさせられるような根拠から，勉強時間の長短を重要視しない人もいます。Nandagopal と Ericsson（2012）によれば，成績の良い学生も良くない学生も学期中の勉強時間はほとんど変わらないことが確かめられ，勉強時間の長短には意味がないという主張と一致した結果となりました。しかし，相関関係それ自体は因果関係ではありませんので，相関関係がないからと言って因果関係もないという証拠には必ずしもなりません。つまり，どれだけではなく，学生が**どのように**勉強したかに大きな違

---

[2]　独立に行われた複数の効果研究を統計的に集約し，全体としての仮説検定を行う方法（中島ら編〈1999〉『心理学辞典』有斐閣を改変）。

いがあるわけです。成績の良い学生はそうでない学生に比べると，しばしば授業のノートを見直し，その内容を整理，解釈したり，教科書を読み返したりする傾向にあります。また，成績の良い学生は，友だちからの助けを借りていました。大学で友だちを作ってうまくつき合っていれば，そうしたことが簡単にできるのです。どのように勉強するかという学習方略の違いを統制すると，やはり勉強時間が強力な予測因子となりました。もちろん，長く勉強しさえすれば良いというわけではなく，やはり適切に勉強する必要があるのです。あまり勉強をしない学生はもっと時間をかけなければなりませんが，適度な学習習慣は時間を節約することにもつながるのです。

　少しの間しかつめらしい教授帽をかぶって説教くさいことを述べますと，勉強は途切れさせずに続けるほうが効果的です。多くの学生は，お気に入りのSNSや電子メールをチェックするのはほんの数秒しかかからないから勉強に影響するはずはないと考えがちです。残念ながら実際はそうではありません。Andersonら（1998）の研究では，注意が途切れると勉強の質が損なわれるということが強調されました。彼らは実験協力者である学生に対して，それぞれ5秒間ずつスクリーンに映し出される15の単語を覚えるように指示しました。ある学生たちは途切れることなく続けざまにその単語を覚えるように言われましたが，別の学生たちは，単語学習の最中にスクリーン上に白い四角いマークが現れたらその場所に応じてボタンを押すという課題が加えられました。その追加されたボタン押し課題は，携帯電話でメールをチェックすることに比べればはるかに容易なことでしょう。途切れることなく勉強した実験協力者は，15語のうち10語を正しく覚えることができました。ところが，ボタン押し課題が追加された実験協力者は，ボタン押し課題が単語学習に比べれば大して重要ではないと告げられた人でも，覚えられた語数は8語に低下し，さらにボタン押し課題にしっかり注意を払うように告げられた人では，6語にまで下がったのです。大したことではないように聞こえるかもしれませんが，このコスト（損失）の大きさが授業中の勉強でもほとんど同じであると見なすなら，授業中に携帯電話をチェックすることで結果的に授業外での勉強時間が長くなってしまうということを意味します。

試験のための勉強を4時間で終わらせられるとしたら，勉強中に携帯電話を
チェックして集中力を途切れさせた場合は1時間，さらに重要なメッセージ
を読んだ場合ではなんと2時間40分も，余計に勉強時間を要することになり
ます[1]。このコスト計算は，メールを返信する時間を含んでいないというこ
とに留意してください。携帯を何度もチェックするだけの時間的コストでこ
うなのです。

◆ 間隔をあける・理解度を自分で確かめる ◆

　考えるべきもうひとつのことは，勉強の間隔をあけることです。勉強する
時間に余裕があるときは，いったんひとつの事柄を勉強し，しばらく時間が
過ぎてから復習するのがベストであることがしばしばです。なぜなら，最初
に勉強してから復習するまでの間に過ぎ去る時間が，長期的な学習を促進す
るからに他なりません（Delaney et al., 2010を参照）。一般論として言えば，あ
る程度までなら，間隔が長ければ長いほど望ましいのです。ただし，学習素
材を何ひとつ思い出せなくなってしまうと，間隔をあけるメリットはなくな
ります。大学生にとって勉強する間隔が1日か2日であると，かなりよく保
持されるという結果になるようです。

　この「間隔効果」は，多くの学生が知っているにもかかわらず，尋ねてみ
ると，実際にはいつも一気にまとめて勉強するとか，試験の前の晩に一夜漬
けするといったことを答えます。もし翌日に試験を受ける予定で，その試験
の点数だけを気にかけるのであれば，それはまずい方法ではないことがわか
ります（なぜなら，学んで間もない情報は，比較的アクセスしやすい情報で
もあるから）。しかしながら，その情報を頭の中に一定時間以上保持しなけ
ればならないのなら，勉強の間隔をあけたいと思うはずです。

＊原註1　どうしてここまでひどいことになるのだろうか。あたかも複利計算のようなも
　　ので，勉強の速度を落とさせるものは，余計にかかる時間も長引かせることになるか
　　らである。たとえば，10の単語のうち最初に6語しか覚えられなかった場合，覚える
　　べき単語が4語残っていて，最初に6語覚えるのに要した時間の3分の2もの時間
　　が，余計に必要になるわけである。

皆さんは，間隔効果がドイツの天才，H.エビングハウスによる記憶に関する初期の実験室研究で発見されたことを覚えているかもしれません。彼は，XIFやFAHといった無意味綴り[3]のリストを自ら記憶し，その後，どれだけ覚えているか，そして再び覚えるのにどれだけ時間を節約できるかを調べました。大学に授業料を払っているからとか，自分の都合から学んだことを覚えておきたいと思っているからといった明白な個人的事実を別にすれば，間隔をあけることで，学んだことを後で再び蘇らせるための再学習時間を節約することができるのです。その学期で学んだことすべてが試験範囲となる期末試験では，明らかに再学習が必要になります。その学期全体の学習内容を復習する場合，それぞれの試験のために一遍に詰め込んで勉強しようとしても，おそらくうまくいかないでしょう。同じ詰め込み式の勉強法を異なる5科目で行ったら，どれだけひどい結果になるかを想像してみてください。

　同じことは大学の授業一般，つまり前回までの授業内容を覚えておかないと，ついていけなくなるような授業にも当てはまります。学生が前回までの授業内容を覚えていることは当然視されるため，そのような前提条件が課されるのです。多くの大学のどのような心理学の授業でも，最初の2回の授業では心理学史の概観や，独立変数とは何か，研究計画をどのように組み立てるか，などが取り上げられます。心理学入門でのこれらすべての情報が頭のなかに入っている状態でそれ以外の授業を理解するならば，それらを簡単に復習したことになりますし，もっと複雑な内容についても理解を深めることができるでしょう。心理学入門の授業内容を詰め込み式で勉強すれば，その内容をすべて再学習しなければならなくなるでしょう。同じことが心理学の他の分野の授業でも起こります。たとえば，心理学入門で社会心理学の領域を学んでいれば，社会心理学の授業でそれを復習することになるのです。そうでなければ，授業内容を学習し直すために，改めて時間を費やさなければ

---

[3]　エビングハウスは，有意味語では個人差によって実験条件を統制できないという理由から，子音–母音–子音による一音節の無意味な単語を考案した。

ならなくなります。それは，新しいことを勉強するのに使えたはずの時間です。したがって，詰め込み式の勉強がその時点では良さそうに思えて，たとえ狙いどおりの点数が取れたとしても，将来的には負担となる勉強法だと言わざるを得ません。

　認知心理学者は，**テスト効果**[†4]あるいは**検索練習効果（想起練習効果）**と呼ばれるものにも一貫してこだわっています。基本的な発想は，勉強したことを記憶から検索して自分の記憶内容を確かめることが，長期的な保持を強めるための極めて有効な方法であるという考え方です。その効果の一例として，McDaniel ら（2009）は，学生たちが教科書から学ぶ一連の実験を行いました。その結果，最も良い方法のひとつは，章ごとの内容をノートにまとめるという昔ながらの方法であることがわかりました。しかし，検索練習に基づく方法，つまり彼らの命名で呼ぶところの**読む（read）**，**復唱する（recite）**，**復習する（review）**，すなわち RRR は，少なくともノートをとることと同等の効果があり，ときには事実上，それよりも効果的で短時間で済むということもわかりました。基本的な考え方は，教科書のある 1 節を読んだ後，教科書を伏せて，思い出せることを何でも復唱してみるということでした。最後に，再び教科書を開いて，重要なポイントを正確に検索できたかどうかを確認するのです。正確さという点でノートをとることと変わらないときですら，RRR は実質的に短時間で済みました。また，ノートをとることと RRR のいずれもが，再読法やラインマーカー法を凌駕したことは特筆に値します。

◆ 学習方法についての神話 ◆

　何がうまくいくのかと同様，何がうまく**いかない**のかを知ることは大切です。なぜ授業でうまくいかなかったのか，なぜある特定の講義から得られる

---

†4　テストを受けるとき，人はテストで問われている情報を記憶から検索しようとする。このような記憶の検索を行うと，同じ情報を同じ時間学習した場合よりも，その情報に対する記憶が高まる。これをテスト効果と呼ぶ（下山ら編〈2014〉『誠信心理学辞典 新版』誠信書房より抜粋）。

ものがなかったのかについて，自分への言い訳がたくさんあります。それら
の言い訳のほとんどは，もっともらしく聞こえます。たとえば，学生のなか
には，「学習スタイル」の効果を完全に信じ込んでいて，結果的に自分たち
の学習方法を限定してしまっている人がいます。ところが，学習スタイルと
提示される学習素材との一致，たとえば，視覚型学習スタイルの人にとって
の視覚的素材といった一致が，学習効果に影響を及ぼすということについて
は，根拠がほとんど見出されていません（Pashler et al., 2008; Rogowsky et al.,
2015）。教科書の要約を書き出すことも，ただそれを読み直すことと変わり
がないようです（Spirgel & Delaney, 2016）。また，学生たちは，ていねいに準
備されて流暢に展開される講義は，そうではない講義よりも多くの学びをも
たらすとも考えていますが，実際には何の影響力もありません（Carpenter et
al., 2013）。

　概して言えば，学習に関して何がうまくいくかについて判断に迷っている
ときの最も適切な解決法は，図書館のデータベースシステムにログインし
て，PsychoINFO[5]でその答えを見つけることです（第5章参照）。教科書
にラインマーカーで線を引くことは役に立つでしょうか。教科書にライン
マーカーで線を引く」と「学習」というキーワードを検索すれば，Yue ら
（2015）による最新の答えが載っている論文が見つかるでしょう（難解では
あるが）。

■ 勉強にモチベーションの科学を応用する ──────────

　勉強法を知ることが役に立つのは，勉強へのモチベーションが維持されて
いるときのみです。ほとんどの学生にとって，モチベーションを維持するこ
とは非常に重要な意味を持ちます。というのも，四六時中，誰もが忙しく，
そして疲れているからです。働いたり学校に行ったりすることは，世のなか
では当たり前のことになっています。レストランで油にまみれながら何時間

---

†5　アメリカ心理学会が運営する心理学に関する論文のデータベース。

も働いた後に，知覚学習についての長い章を読み込むのは大変なことです。モチベーションを維持するのは確かに簡単ではありませんが，心理学は学習の改善のための方略と同様，モチベーションを維持する方法も提示しています。何かに興味関心を抱いていれば，たとえそれが困難なことであっても，それに携わることで私たちは元気になります（Thoman et al., 2011）。それとは対照的に，ひどく退屈なことに携わることはそれで疲弊することはないにしても，やはりつらいことなのです。

　もっと一般化して言えば，賢い人が行っているのは，退屈な課題を興味深いものに変換していくという方略なのです。Carole Sansone らは，モチベーションの維持は，人を活発に行動させるものだと述べました（たとえば，Sansone & Smith, 2000; Sansone et al., 1992）。退屈な課題に取り組むためのひとつの方法は，それを，少しでもおもしろいものに変換することなのです。たとえば，退屈な講義のノートをとらなければならないとき，それがもっとおもしろくなるような方法を試みてください。すなわち，ただスライドの内容をノートに書き写すだけではなく，スライドに映し出されている内容の先にある考えと結びつきそうなものを見つけるとか，そのすべてを，教員の使った言葉を一切使わずにあなた自身の言葉に置き換えてみるなどです（厳密に定義される必要のある言葉はもちろん別だが）。後で調べるべき例や質問などと同様，素材を応用する方法を考え出すことは，そうしないままでは退屈なだけのものに対して，興味関心をもたらすもうひとつの方法でもあります。

　興味関心は，目新しいながらも理解可能な何かと出会うことから生まれてきます（Silvia, 2006, 2008）。だからこそ，研究を深く知ればもっとおもしろくなるのです。なぜなら，深く知ることができるのは，そこから何かを手に入れるのに必要な概念や背景を心得ているからこそです。あなたが心理学についてもっと詳しくなればなるほど，もっと難解で複雑な考えを理解することができるようになるはずです。授業のなかでわからないことがあれば，予習をするようになったり，オフィスアワーの時間に教員を訪ねたりするようになるでしょう。遅れをとったならば，なおさらのことです。あなたがわかるようになればなるほど，複雑なことをもっと容易に理解することができるよ

うになります。あまりに簡単だったり，あまりに退屈だったりする問題であれば，上で述べた退屈なものをもっとおもしろいものに変換する方法によって，それがあなたにとってもっと目新しいものになっていき，それに対する興味関心を維持することにもつながるでしょう。私たちが先に示した受講態度をアクティブなものにするモチベーション調整方法は，勉強を続けることにも役立ちます。なかなか理解できないことがあれば，教員やティーチング・アシスタントに会いに行ってください。あまりにも簡単だったり退屈だったりする場合は，勉強から遊びの要素を見出す方法を探してください。すなわち，素材をいかに素早く頭に入れられるかとか，定義についてのクイズを考えるとか，それを友だちに試してみる，といったことなどです。

　もしあなたが，20世紀のイマジズム心理学†6の授業をどうして履修登録してしまったのかに自信が持てなかったとしても，その経験から学べることが常にあるはずです。モチベーションはときとして，おもしろくない体験を他の重要な人生の目標に役立つものとして，再構成することによって強化されるものです。私たちは当初から重要なスキルを身につける方法を考えるべきだと示唆してきましたが，再構成のプロセスはそのスキルを研ぎ澄ますためのひとつの方法です。レポート課題が出されたら，書くことを実践し，改善するための機会として活用してください。研究論文を読む課題なら，その論文とあなたの興味関心をできるだけうまく結びつける方法を見つけてください。忘れないでほしいのは，関係がなさそうに思える内容であっても，それを通じてあなたは，今まで以上におもしろい話題を提供できる人になれるということです。新しい知識は，予想だにしなかった思いがけないかたちで役に立つこともありえます。たとえその時点ではそれを知っておく理由がまるで見つからなかったとしても，ある種の考えが5年後，10年後に，あなたが取り組んでいることにとって有益なものへと変わることは大いにありうるのです。

---

†6　イマジズムは写象主義と訳される詩の運動におけるひとつの立場で，それを理解するための心理学という意味か。訳者の知る限り，我が国では聞いたことがない。あるいは，著者のジョークに基づく架空の心理学か。

まとめ

　教室外で専門的なスキルを上げるのにとても役立つ専門的な立ち居振舞い方は，教室内においても同様に役立ちます。言うまでもありませんが，まじめに授業を受けて勉強することは，必要最低限のことに過ぎません。あなたを取り巻く教員集団を，行く手を阻む障害ではなく活用できる資源と見なすこと，授業のなかに専門的なスキルを磨く機会を見出すこと，そして授業にしっかり貢献する人になろうと努力することなどは，必要最低限の次に来るステップです（次章で心理統計の授業に対処するための特別な助言を紹介する）。

　高い目標を掲げている心理学者は，心理学を単なる抽象的な理論の一分野などとは思っていません。そうではなく，心理学は，学ぶためには何が必要か，その学びを深めるにはどうしたら良いか，そして，どのようにしてモチベーションを維持するのか，といった問題についての答えを提供してくれるのです。たとえば認知心理学は，勉強中の集中力を途切れさせないことを含めて勉強を改善すること，永続的な知識を身につけるために勉強の間隔をあけること（翌日の試験に備えて一夜漬けするのではなく），ただ単にざっと目を通すのではなく記憶から情報を検索すること，などに関する有益な示唆を与えてくれています。それと同様に社会心理学は，モチベーションをマネージメントするための助言を提供しています。たとえば，退屈な課題をおもしろいものに再構成すること，もっと多くのことを知ることで興味関心の幅を広げること，そして，本来の興味関心によってモチベーションを維持できるようにすることなどです。

　何がうまくいって何がうまくいかないかに迷うのであれば，大学のデータベースを検索し，その答えが書かれた論文を探すことがいつでも可能です。科学を味方につければ何も怖くはないのです。

第4章

統計から学ぶ

　私たちが心理学者だと名乗ると，一般の人はいつも「えっ？ じゃあ今，私のことを分析しているんですね。下手なことは言えないなぁ……」と冗談っぽく言います。私たちはクスクス笑いながら，「心理学者は実際にはそんなことはしませんよ」と言って，そうした心配を和らげます。しかし，それは卑怯なごまかしです。なぜなら，心理学の教員である私たちには，恐るべき読心術[1]があるからです。この神秘的な秘儀を読者の皆さんと共有すべきではありませんが，心理学者であれば**パーソナリティ理論**の教科書のように，あなたの心のなかを見抜くことができるのです。証拠はあるのかですって？ 以下に，私たち執筆陣のうちのひとりが，最近の心理統計の授業で学生の心のなかから直観的に読み取ったことを述べてみます。

　　この教室の時計は遅れているに違いない。ずっと前からここにいたような気がする。あの男は何者だ？ 彼はこんな話が本当に好きなんだろうか？ 心理学入門の授業ではこんなふうにバカげた内容の話は出てこなかったぞ。赤ちゃんとか，脳とか，楽しい話だったではないか。心理学は数学とは別物のはずなのに。はたしてこれが**心理学**と呼べるのか？ 大学はこんな授業をなぜ取らせるんだ？ あっ，また別のギリシャ文字か？ ギリシャ語を学んでおくべきだったかなぁ……。ああ，彼らはどうやってギリシャ語で統計を学んでいるんだろう？ ギリシャ文字は彼らのためにある言葉ではないのか？ よくわからないなぁ。実際にこん

---

†1　これはもちろん，著者お得意のジョークである。

なことを理解しようとしても，それが何の役に立つのだろう？　将来，
こんなことを使う日が来るのだろうか？

　しかしながら，こんなことが読み取れるような恐ろしい力を持つ必要はあ
りません。これは，どの大学においても心理学部の心理統計の授業ではほと
んどの学生の脳裏をよぎる，極めてありふれた思いだからです，おそらくギ
リシャの大学を除けば。心理学部のカリキュラムのなかで，そんな心配をも
たらす科目は他にありません。
　心理学部はなぜ学生に心理統計の履修を求めるのでしょう。標準的な答え
はこうです。

- データを客観的に分析するには統計が必要である。
- 統計によって心理学が科学になる。
- 統計がわかっていないと，学術論文を理解することはできない。
- 重要な計算スキルを学ぶことによって，統計的な分析ができるように
  なる。

　ここに大いなる謎があります。というよりもむしろ，読心術よりも秘密め
いた事実があります。なぜなら，これらの答えは，完全に正しいわけではな
いからです。データ分析には人間による判断と眼識が必要であり，常に精密
な吟味に開かれていなければなりません。心理学を科学たらしめているもの
は，科学的な手法と根拠の重視であって，統計そのものではありませんし，
統計をマスターしなくても学術論文を理解することは可能です。それに，無
愛想な関数電卓ではなく，統計解析ソフトがデータを高速処理してくれま
す。
　こうした誤解があるにもかかわらず，また，これから先の人生でデータ分
析をする予定があるかどうかにかかわらず，統計の勉強は極めて重要です。
なぜなら，統計の勉強は，自分が発見したことを人々に納得させることがで
きるのはなぜかについての，議論の組み立て方そのものを学ぶことだからで

す。それは法律に基づく立証に似ていて，罪が証明されるまでは被告人は無罪であるのと同様，その発見は理路整然と順序正しく証明されるまでは，思いつきのレベルにとどまるだけだからです。統計的に立証することには，典型的には次の3本柱からなるアプローチが含まれます。

- グラフや表などでデータをわかりやすく示す。
- 提示するデータがどれほど思いつきによるものでないかを決定づける。
- その発見がいかに実用的なものであるかを解き明かす。

　心理学の研究結果を分析するための十分な基礎固めをすることに加えて，議論を展開させたり批評したりすることも学びます。それこそが，誰もが持つべきスキルであって，心理統計の授業をしっかり履修するべき理由なのです。

　もし数学が苦手だったり，必修科目の心理統計や研究計画法の授業へのしばしば伝説的とも見なされるほどの取り組みにくさに怯えていたりするのなら，今こそそれを克服すべきときでしょう。学生は困難に向き合うことへの不安から，これらの授業の履修を，履修可能な最後の学期まで先延ばししようとすることがあります。私たちは，心理統計や研究計画法の授業を先延ばしするのではなく，そうした衝動を回避して早い段階で履修してもらいたいと思っているのです。統計を学べば後々自分で研究する際に役立ちますし，研究論文を容易に読み解くことができ，さらには他の心理学の授業が理解しやすくなる考え方が身につきます。心理統計の授業1～2科目を何とかやり抜けば，もっと上級者向けの授業を取りたくなるでしょう。

　もちろん，最初の必修科目の単位を取ることが，次の上級科目を取ることの前提条件になります。あなたが心理統計の授業から多くを学べるようになるために，本章では5つのミッションを紹介します。

ミッションその1：
教科書を読み，授業に出席して，多くの問題を解く ───

　どの大学の授業でも，教員は教科書から脱線したり補足的な素材を加えたりして，授業をおもしろいものにしようと努めます。実際のところ，教員は，基本的な概念をわかりやすく説明してくれる教科書を選んだはずです。教員は授業のなかで教科書に書かれている内容と同じテーマを繰り返し説明して，貴重な時間を浪費したいとは思いません。しかしながら，心理統計の授業では事情が異なっていて，教員は教科書に沿って，ていねいに解説していきます。毎回の授業では例題を解きながら，そしてテーマに取り組みながら，教科書の順番どおり節から節へと進んでいくことでしょう。しかも，統計的な概念は扱いにくいため，繰り返し何度も説明する必要があります。教員はそのことがわかっていますので，教科書の内容を読んで授業に臨み，統計処理の論理的プロセスがわかるようになれば，最終的にその内容を理解できるようになるだろうと期待しているのです。

　ところが，学生が教科書の内容と授業の内容との重複に気づいていることが問題となるのです。その結果として多くの学生が，教科書は読むものの授業をサボるか，授業には出席しても教科書を読まないか，もっとひどい場合には，授業をサボったうえ試験前夜まで教科書を開かないかのいずれかなのです。もしあなたがほどほどの知的レベルで，ただ単位を取ることだけが目標なら，最初の2つの選択肢（教科書を読むだけで授業をサボる，授業に出席して教科書を読まない）のいずれかで切り抜けても良いでしょう。しかしながら，もっとうまくやろうとするなら，あるいは統計に真正面から取り組もうとするなら，繰り返し勉強しなければなりません。つまり，教科書を読み，毎回の授業に出席し，友だちと議論し，そして統計をテーマにした勉強会を計画することです。そうすれば，歪度や偏差といった統計的な概念に新しい意味を見出すことができるでしょう。また，学習を改善するためにできる，あらゆる方法にも目を向けるべきでしょう（第3章参照）。

ただし，ここで終わりではありません。丹念に教科書を読み込み，休まずに授業に出席するのは当然のこととして，統計上の概念をマスターするための最善の方法は，授業の前に予習として教科書を読み，例題の半分を解き，授業中に質問し，授業後に残りの例題を解くことなのです。それでも問題が解決しないときには，教員に尋ねて解決することです。試験の日まで手を抜くことなく，学期を通じて着実に取り組み続けなければならないのです。あまりに多くの問題にトライすることは不可能ですが，必要最低限のこととして，教科書に載っているすべての問題と教員が出す追加問題は解くべきでしょう。さらに，もっとうまくやりたいと思うなら，その教科書に関するオンライン情報をチェックし，参考書を買ってください。練習問題に取り組めば取り組むほど，試験の際に面食らうことなく多くのことを思い出せるでしょう。

■ ミッションその2：誰かと一緒に勉強する

　人助けは生きていくうえでの善い行いですが，統計の勉強においては不可欠なことです。グループ学習がふさわしい人たちで構成されているなら有効です。ふさわしいグループ構成とは，たとえば，グループのメンバーの少なくとも一人は，統計をしっかり理解しているべきです。そうでなければ，メンバー全員が針路を見失って彷徨い続けるだけだからです。もっと重要なこととしては，グループのメンバー全員が勉強熱心でなければなりません。それに加えて，メンバー全員が，授業やグループ学習以外の場でも自分自身の課題に取り組むことに専念しなければなりません。学生のなかには，グループ学習をサボった授業の埋め合わせと考えている人もいますが，授業に出席することを面倒がるメンバーは不要です。

　ふさわしい人たちで構成されたグループでは，3つのことが起こります。1つ目は，たいていの学生は，教員や教科書からよりもグループの仲間から多くのことを学ぶものです。仲間が説明してくれれば，統計上の概念がピンと来ることがあります。2つ目は，統計上の概念を仲間に説明できる人は，

その概念を自分自身でもよく理解できています。教えることに勝る学びはありません。そして3つ目は，多くの教科書ではすべての問題の解答が載っているわけではなく，また，解答に至る道筋を必ずしもていねいに示してもくれません。グループ学習ではメンバー全員で問題に取り組むことができますので，みんなが同じ解答にたどり着けばおそらくそれが正解でしょうし，そうでなければ，どうしてその解答になったかをお互いに説明し合うことで，理解を深めることができるのです。

ミッションその3：計算式を無視する

大学院に行けば，再び心理統計の授業を履修することになります。それもたった1つではなく，とても多くの科目があります。極論するなら，大学院生にとって心理学とは**統計そのもの**なのです。だからと言って，大学院進学を思いとどまってはいけません。冒頭でも述べたとおり，統計は数学を理解するためのものではなく，研究デザインを理解し，論理的な議論の組み立て方を学ぶためのものです。コンピューターの統計解析ソフトは，統計処理から計算作業を取り去りました。その結果，実際のところ多くの人が学部の授業において，専門家レベルの統計解析ソフト（たいていは SPSS，SAS，あるいは R など）の使い方を学ぶことになるのです。

しかし，統計にはかなりの数学的要素があることも間違いないと考えられます。私たちの考えでは，大きく2つの数学的要素に触れることになるはずです。すなわち，①概念の理解を助けてくれるもの（**概念上の公式**），②教育上の目的には何の役にも立たないもの（**計算上の算式**）の2つです。この点について，平方和という，単純ではあるものの重要な概念を使って説明してみましょう。平方和は，点数が互いにどの程度ばらついているかを計るために用いられるものです。たとえば，9〜11の範囲にある互いに近い点数は，3〜20といったもっと広い範囲にある点数よりも平方和が小さくなります。平方和の意義とはどういったものでしょうか。これは，それぞれの点数が平均値からどれほど隔たっているかを計算することでわかります。これは

簡単なことで，たとえば，平均値が10で点数が8の場合，隔たりは2です。この計算をすべての点数で行います。これらの隔たりは，点数が平均値に近ければ小さくなりますが，平均値から遠ければ大きくなることに注意してください。そしてそのすべての隔たりを二乗してください。これも電卓があれば簡単です。もともとの点数が平均値に近ければ二乗された隔たりも小さく，平均値から遠い点数では大きくなることにも注意してください。最後に二乗された隔たりをすべて合計します。ここで再び注意が必要なのは，当然のことながらその合計の値は，もともとの点数が平均値に近い場合よりも，平均値から遠い場合のほうが大きくなるということです。統計解析ソフトはこの作業をあなたに代わってやってくれますが，こうした基本的なステップを学ぶことは，平方和という概念に対する直観的な理解をもたらしてくれるのです。点数が平均値から大きく隔たっていれば，その平方和は大きくなるのです。このような概念上の公式は必要なものなのです。

　一方，平方和を計算するための計算式もあります。計算式とは，統計値をいかに手計算するかを示してくれる手っ取り早い方法のことです。私たちが計算式を無視すべきだと思うのは，それらが概念そのものを見えにくくさせてしまうからです。そのため，計算は簡単にできても理解しづらいのです。コンピューターがあなたに代わって計算してくれるのに，なぜ計算式をわざわざ学ばなければならないのでしょうか。たとえば，平方和のための計算式は次のようになります。もともとの点数を二乗して，そのすべてを合計する。そして，その合計から，もともとの点数の合計の二乗をデータ数で割った値を引く，ということになります。この計算式はたやすく実行できますが，個々の点数の値がいかに近いかに関して，どのように結びつくというのでしょうか。

　教科書や教員が計算式を使うという選択肢を与えるときは，そこから目を背け，必要であれば日食を眺める暗箱を通して眺めてください[†2]。概念を学ぶうえで役に立つのは，概念上の公式のほうです。大学院における統計は

---

†2　計算式全体をつぶさに眺めなくてもいいという皮肉っぽい喩え。

概念を理解するためのものです。ついでに言うと，そのほとんどは平方和に基づくものなのです。計算式を駆使できたとしても，誰も感動してくれないでしょう。

■ ミッションその4：統計の勉強に長期的な見通しを立てる

　たいていの学生は，カリキュラムで強制されているからという理由で，心理統計を履修します。必修科目の単位を取り終えた学生たちは，その後の大学生活や就職後の生活において，統計を避けがちになります。しかし，私たちは統計の勉強について，長期的な見通しを立てるように学生に勧めています。もし大学院に進むことを考えているなら，統計の本当の楽しみが山のように待ちかまえています。典型的には，修士課程の学生であれば，大学院レベルの心理統計や研究計画法の授業を2，3科目履修します。博士課程では6年間，12学期で8科目履修します。したがって，学部における現在の授業は，長い道のりのほんの出発点に過ぎないのです。

　大学院に進まない場合であっても，統計はどこにでも顔を出します。善かれ悪しかれ，現代社会ではあらゆるものが評価され，数値化され，基準に合わせて判断され，比較されるのです。もしあなたが推論し，データを提示，記述する方法をしっかりと理解していれば，ビジネスの世界においてもうまくやっていけるでしょう。企業側は，非凡で有益なスキルを持った人を雇いたがります（第13章参照）。そもそも，統計に親和性を持つ心理学専攻生は極めて少ないので，必要最低限以上のことができる学生が，実際に傑出することになります。私たちは統計においても，必要最低限以上のことに取り組むことを推奨します。心理学の学士号を取得するには，心理統計の履修はたった1科目で済むかもしれませんが，それ以上の科目を履修することを考えるべきでしょう。ビジネスの世界や，教育や数学に関連のある学部では，データを分析することやその結果を可視化することなどについての実践的な授業がしばしば行われていますので，一考に値するでしょう。

第4章 統計から学ぶ　*65*

■ ミッションその5：統計の知識を日常生活に応用する──

　私たちは統計そのものが実社会では不要であるといった印象を，皆さんに
与えたくはありません。基礎的な統計の授業で得られた知識は，きっと役に
立ちます。たとえば，最近の国政選挙の結果を見るとき，「今回の投票では
誤差の範囲は3ポイントである」といった報道を理解できるでしょう（**信頼
区間**）。初めて行ったときに最高に素晴らしいと思ったレストランが，2回
目にはそれほどでもないと感じるのはどうしてかを説明できるでしょう（**平
均への回帰**）。尿†3を飲んだら乾癬が治った！　といった個人的な支持証言
が，なぜ役に立たないのかがわかるようになるでしょう（**標本サイズと無作
為抽出**）。睡眠を改善する新しい方法を耳にしたとき，「実際にはどれくらい
の差があるのか」（**効果量**）や，「研究全体としてどのようなことが言えるの
か」（**メタ分析**）といったことを尋ねることができるようになるでしょう。
また，今よりもっと賢い情報消費者にもなれるでしょう。すなわち，事実を
確認しないまま見せかけの専門家による役に立たない助言に，与えられるが
ままに従うようなことはなくなるでしょう。この広い世界には，互いに矛盾
し合う助言があふれ返っています。たとえば，最高のダイエット方法につい
てネットで検索してみてください。そうした矛盾した助言があふれ返る理由
のひとつは，統計や研究計画法における基本的な概念を理解している人が少
ないからなのです。

■ 統計を恐れる学生のための恐ろしくない情報──

　心理統計の授業から多くのことを学ぶためには，教科書以外の情報源を利
用するべきです。指定された教科書を読むことは，必要最低限のことに過ぎ

---

†3　飲尿療法（自尿療法）と呼ばれる民間療法のひとつだが，科学的根拠はないとされ
　　る。

ません。教科書に加えてそれ以外の書籍を読むことによって，統計の腕前が見違えるほど向上するでしょう。2冊目の書籍がプラスになるのは，素材に対する異なる視点が提供されることで，主要な概念に対する理解が深まるからです。巻末には参考になる文献のリストを挙げています。大学の図書館にもそのうちの何冊かは所蔵されているはずですし，あなたの書棚にも何冊かあって良い文献だと思います。

まとめ

　統計が大好きな心理学専攻生もいますが，多くの学生は，退屈だったりがっかりさせられたりすることがわかると，単なるサバイバーを目指すようになります。つまり，心理統計の授業を受講することを，「本当の心理学の授業」を受講できるようになるための通過儀礼と思うようになるのです。しかしながら，統計は心理学を理解すること，そして情報があふれ返る世のなかで，思慮深い博識な人物として機能することの中心に位置づけられるものです。統計は決してあなたの親密な友人にはなりえないかもしれませんが，友好的な隣人にはなりえます。人生における他の多くのことと同様，ひとたび統計に習熟すれば，奇妙なほど楽しめるようになるのです。ですから，広い心で立ち上がって，当たり前のこととしてもう一度やり直してみてください。

第5章

研究論文を読み込む

　心理学について書かれたものは，ベストセラーとなっている人気の書物や大衆向け雑誌，大学で指定される教科書，インターネット上にあふれ返った情報など，至るところにあります。これらすべてにはそれなりの存在意義がありますが，大学で過ごしているうちに，指導教員は**研究論文**を読むという課題を出し始めるでしょう。研究論文は心理学における一次資料で，新しい理論や新しい知見が初めて日の目を見る場所です。心理学専攻生として専門性を高めていくにしたがって，一次資料，すなわち，たいていの場合，学術雑誌に掲載された研究論文を頼りにし始めることになります。学術雑誌の研究論文は公的かつ専門的なものです。つまり，研究論文には，参考文献や統計的検定，土台となる研究方法がぎっしり詰まっているのです。

　学術論文は一般的な書物やブログに比べれば堅苦しく感じられるものですが，心理学者が最新科学を明らかにする手段ですので，そうした論文を見つけ，読み込むことは，極めて重要なスキルになります。一次資料を見つけることは簡単そうに思えますが，あなたが考えているほど楽ではありません。実際の研究をするには，長い専門的な論文を読み，そこから学び，さらに次の論文を見つけることが必要になります。本章では，適切な一次資料をどのように探せば良いか，ひとつのテーマに関する知識をいかにして深め続けるか，どんな一次資料が役に立つか，などを知る方法について述べていきます。また，論文を読むための，そして知っておくべきことを論文から読み取っていくためのヒントをお伝えします。

司書と図書館

　最近ではオンラインで手に入る情報がたくさんありますので，ほとんどの学生は，実際に図書館に出向いて多くの時間を過ごす必要はなくなってきました。とはいえ，図書館でしかアクセスできない情報源もいくつかあって，最も重要な図書館の検索ツール，すなわち**図書館司書**もそのうちのひとつです。図書館司書は，**文献・資料**と書かれたデスクのところで待機しています。彼らは，「トイレはどこですか」から「いじめが子どものメンタルヘルスに及ぼす影響についての論文は，どうやって見つけたらいいでしょうか」まで，大小さまざまな質問に答えるためにそこにいます。彼らは図書館におけるいわば福音伝道師で，依頼さえあれば，あなたの人生をもっと良いものに変えられると確信しています。彼らは図書館のコンピューターシステム内のあらゆるデータベースに精通しており，「BF636.S767 2006 c.l」の意味や，普通の心理学者には見つけるのがとても困難な文献を探し当てる方法を詳しく知っています。今述べたようなデータベースを使いこなせずに困ったときには，図書館司書に助けを求めることができるのです。

　昔であれば，図書館での文献探しは図書館で行うものでした。しかし，今やそうではありません。通常は大学の図書館のウェブページにアクセスすることから始まります。アクセスしたら，データベースがないか探してみてください。**データベース**とはコンピューターによる情報ツールのことです。各ページの情報は**レコード**として知られるものですが，なぜか最近再び人気が出始めた例の黒いレコード盤と混同しないでください。たいていのデータベースには回線検索がありますので，そこに探しているものを入力します。データベースが大量のレコードを検索しますので，そのなかからあなたの求めていたものを探し当て，それについてのメールを受信したり，プリントアウトしたり，検索ソフトに情報が届いたりするのです（検索ソフトの例としては，EndNote, Zotero, Mendeley など）。普通は，自分がどのような種類の情報を探しているか，具体的にわかっているはずです。ある特定の著者

第5章　研究論文を読み込む　*69*

を探しているなら，著者名を検索すれば良いのです。一番多いのは**キーワー
ド**で検索する場合ですが，それはそのテーマに関するレコードを探している
ことになります。インターネットの検索エンジンを使ったことがある人な
ら，その方法はすでにお馴染みでしょう。

　図書館の蔵書目録も便利なデータベースです。蔵書目録を探せば，個々の
書物に対応したレコードが見つかります。それぞれのレコードは，表題や著
者名，刊行年や刊行場所，そして，図書館のどこにその書物があるかを示す
番号など，その書物に関する重要な詳細のすべてが記載されています。文献
を探すことは，あるテーマについて学び始めるための良い方法になることが
あります。たとえば，信号検出理論に関心があれば，蔵書目録から**信号検出**
と**心理学**といったキーワードを組み合わせて探すことになります。そうする
と，信号検出理論について是非とも読んでおくべき文献リストが手に入るの
です。信号検出についての文献であればどのようなものでも参考になるで
しょうが，**〇〇への招待**（**introduction to**）や**入門**（**a primer**），**ハンドブッ
ク**（**handbook of**）といった言葉が表題にあるものなら，手軽に読めるでしょ
う。

情報源を選ぶ

　書かれたものがあふれる世の中で，私たちはどのようにして値打ちのある
情報源を見つけることができるでしょうか。ここでは研究論文を書くための
良い情報源と，そうでない情報源について紹介します。

◆ 信頼できる情報源 ◆
　信頼できる情報源は**査読された論文**です。刊行に先立ち，熟練者が論文を
評価し，明らかな間違いや不適当な記述を見つけます。心理学におけるほと
んどすべての学術雑誌の論文は査読されたものです。学術雑誌には研究者が
科学的，学問的活動を報告する論文も掲載されます。学術雑誌の良いところ
は，そのテーマに精通した人や，査読を通過するのに十分な論文を書いたこ

とのある人（たいていは大学教員）による論文が掲載されていることです。査読とは，投稿された論文を選り分けるために学術雑誌が採用しているプロセスです。すなわち，学術雑誌の編集者は，その人自身が著明な研究者でもあるのですが，他の経験豊富な研究者に投稿された原稿について論評してもらいます。査読者は論文について批評したうえで，誤りや弱点を指摘しつつ，改稿を提案し，その原稿が掲載に値するかどうかについて総合的な勧告を行います。学術雑誌に投稿されたほとんどの原稿は不採択となり，残りのわずかな原稿が，査読の過程で示唆された改稿を著者が行った後で，ようやく掲載を認められるのです。

　信頼できる情報源は**アクセス可能**なものでもあります。読者は情報源を見つけ，自らそれを読むことができなければなりません。たとえば，医療センターで目にする過量飲酒についてのパンフレットなどのように，情報源が不可解で曖昧なものだと読者の役には立ちません。また，信頼できる情報源とは**一次資料**のことです。それらは，誰かが実行したり述べたりしたことをただ単に列挙したものではなく，オリジナルな発想や理論，実験，あるいは分析を提示するものです。ここでは信頼できる情報源の内訳を示すことにします。

【査読された学術論文】

　研究論文を書くうえで，査読された学術論文は主要な情報源になります。ほとんどの論文が**実証的な論文**で，新しい研究計画が述べられ，オリジナルなデータが提示されています。それ以外に**レビュー論文**もあります。これは，新しい理論や，過去の研究に対する新しい観点を示すものです。実証的な論文には深みがありますし，レビュー論文には広がりがあります。あなたの研究を先行研究と結びつける必要があるため，引用文献リストにおけるほとんどの情報源は，実証的な論文になるわけです。

【学術的な専門書】

　書籍も信頼できる情報源です。専門書は，大規模な研究全体を振り返り，統合するものです。ある領域に新しく足を踏み入れようとするなら，しっかりした専門書は，その研究領域の様子を理解するのに必要な情報をもたらし

てくれます。こうした専門書は大学の図書館に所蔵されているもので，地元の書店では手に入りません。なぜなら，専門書は専門家に向けて書かれたもので，一般大衆向けではないからです。

【編著書】

編著書は，異なる著者によって書かれた章を集めたものです。しっかりした編著書は，ある領域に対する異なった視点をもたらしてくれるでしょう。たとえば，『自己とアイデンティティ』（Kashima et al., 2002）という編著書は，11組の著者たちによって執筆されています。編著書を最初から最後まで通読する人は多くはないでしょう。あなたの研究につながりのある何章かだけを読むことになります。

【ハンドブック】

これも一種の編著書ではありますが，情報源としては膨大な量になります。ハンドブックの編者は，ある研究領域に関する章の執筆を，著名な研究者に依頼します。全体を通して各章では，その領域における主要な理論や知見が紹介されています。また，あらゆる個別領域のためのハンドブックもあります。感情表出についての論文を書くのであれば，『感情心理学ハンドブック』（Lewis et al., 2008）を探してください。文化を超えたパーソナリティについての論文を書くなら，『パーソナリティ心理学ハンドブック』（John et al., 2010）や『文化心理学ハンドブック』（Kitayama & Cohen, 2007）を探してみてください。ハンドブックを読むことによって，十分な一次資料についてのレビューと引用文献を知ることができるのです。

◆ **根拠が薄弱な情報源** ◆

根拠が薄弱な情報源は，ただ単に役に立たないものから，著しく誤解を招く恐れのあるものまでさまざまです。

【ネット上の情報のほとんど】

ネット上の百科事典やブログ，ニュースグループ，書き込み型情報交換フォーラムなどに惑わされないでください。これらの情報には，査読や事実確認を受けたり，正式な文書として保管されたり，入念に書き上げられたり

したものはほとんどないからです。科学としての心理学の熟練者は，ネット上のブログや百科事典に，自分の研究成果を載せるようなことはしません。たとえば，オンライン調査方法やオンラインコミュニティなど，インターネットそのものについての論文を書こうとしているのでない限り，適切で有益な情報源をネット上で豊富に見つけることはできないでしょう。もちろん，例外もあります。学術団体が重要な文書をオンライン上に掲載することはありますし，重要な情報源のなかには，オンライン上でなければ手に入らないもの（たとえば，PsycCRITIQUES，すなわち心理学関連書籍や映像，ビデオなどのレビューのデータベースや，Public Library of Science ［PLoS］ journals など）もあります。しかし，例外があるということはすなわち原則があるとの諺はまさにこのことで，これらのものは，定評のある機関によって発信された専門的な情報なのです。ですから，研究成果がブログやウェブページへ引用されることが滅多にないのも，驚くことではありません。

【教科書】

教科書は，味気ない研究論文を蒸留して，明るくカラフルな本に装いを変えたようなものです。教科書は読みやすいので，新しい学問領域を学ぶには絶好の方法ですが，教科書に書かれている内容が研究論文に引用されることは滅多にありません。よくできた教科書は，一次資料をうまくまとめて蒸留しているため，一歩か二歩，当初の研究からはかけ離れたものになっています。しかしながら，教科書がたいへん便利なのは，一次資料を見つけられることです。教科書には膨大な文献リストが載っていますので，関連する論文を手早く見つけるには，教科書が引用している学術論文や専門書を見れば良いのです。

【広報誌と大衆向け雑誌】

広報誌や大衆向け雑誌には，最近話題のおもしろい記事が載っていますが，それらは一次資料からずいぶんとかけ離れたものです。なかには事実として確認されたものもあって，それらが読者に誤解を与えることはなさそうですが，やはり情報源に直接あたってみるべきでしょう。たとえば，広報誌の記事がアメリカ司法省の報告から統計を引用しているなら，利用すべきは

その司法省の報告そのものであって，広報誌ではないのです。

【無記名の情報源】

本人が実名を公表しなかった情報源は，おそらく望ましくないでしょう。ネット上で見つかる記述は，最も一般的な例です。ちょっとしたエッセイには，書いた人の名前が書かれていなかったり，ペンネームやハンドルネーム，ソーシャルメディアで使う偽名，あるいはただのアイコンだけが使われていたりします。そうした情報源は避けるべきです。ここで留意すべきは，活字になったもののなかには，組織や機関の名前（たとえば，アメリカ教育省，アメリカ心理学会など）で書かれたものもあるということです。その場合には，書かれた内容に責任を負うべき特定の誰かがいるはずです[†1]。

【エフェメラ】

図書館司書は，正式な文書として保管されていなかったり，目録に載っていなかったり，いわゆる**エフェメラ**として残されていたりするとりとめのないものも紹介するでしょう。エフェメラとは，パンフレットや内部文書，調査報告書，会議資料，ニューズレターなどのことですが，そうしたものはすぐに消えてなくなるものなので，利用価値をほとんど見出すことはできないでしょう。

▌PsycINFO で学術論文を見つける ────────────

概して，書籍はすぐに時代遅れになりやすいという理由から，出発点として最もふさわしいものにはなりえません。最新の研究を見つけるには，査読された学術論文を探したくなるはずです。科学論文を見つける最良の方法は，専門性に特化されたデータベースを利用することです。論文を探すのに一般のインターネット検索エンジンを使うのは，大いなる時間の無駄です。一般のインターネット検索は，レストランや料理のレシピといったポピュラーな内容を探すのには長けていますが，科学論文のような難解な内容を探

---

†1　要するに組織名，機関名として引用可能ということ。

すのにはふさわしくありません。たとえば，一般のインターネット検索で**ワーキングメモリーと注意**といったキーワードを検索してみると，何かを売りつけようとしている脳の健康についての怪しげなサイトにたどり着いたりしますので，学術的な論考にふさわしい場所ではありません。

　心理学に関連する論文のほとんどは，アメリカ心理学会が公表しているPsycINFO と呼ばれるデータベースから見つけることができます。PsycINFO は，検索対象のレコードが学術論文や専門書の章であるという点を除けば，図書館の蔵書目録のように機能します。最初の使い方としては，研究テーマに関連するキーワードを入力し，２番目に**レビュー論文**や**メタ分析**といったキーワードを付け加えると良いでしょう。そのテーマに関する研究のレビュー論文が見つかれば，スタートとしては万全です。もし見つからない場合には，比較的最近の信頼できる学術雑誌を探してください。どのような学術雑誌が信頼できるものかを知る方法については，後ほど詳しく述べます。学術雑誌のなかには，ほとんどのレビュー論文を網羅しているものがあります。たとえば，*Current Directions in Psychological Science*, *Perspectives on Psychological Science*, *Psychological Bulletin*, *Psychological Reviews*, *Review of General Psychology* などです。同様に，*Annual Review of Psychology* というシリーズ本は，テーマによっては非常に長いレビューを掲載していますし，*Psychonomic Bulletin and Review* のような雑誌も，長いレビューを掲載しています。これらの学術雑誌でレビュー論文が見つからなければ，特定の研究テーマをレビューした専門書の章で見つけられるでしょう。それができなければ，たいていの論文では導入部分で先行研究のレビューが簡潔に書かれていますので，そこでも先行研究や理論を紹介する論文を見つけられることがしばしばです。

　それぞれの論文には，レコードに表示されたアブストラクトがあります。アブストラクトとは，それが何に関する論文かについて，通常150語前後で書かれた短い要約のことです。おもしろそうなものをいくつか選んで，検索してみてください。どのように検索するかですが，運が良ければ図書館のレコードにボタンがあり，「電子媒体で検索できます」とか「PDF ファイルで

ダウンロードできます」といったようなことが書いてあって，ボタンをク
リックするだけで手に入れることができます。ただ，探している雑誌を見つ
けるために，その雑誌の表題や発行年，号数，ページナンバーを申請書に書
かなければならない場合もあります。困ったときに行くべきは，冒頭で述べ
たとおり，図書館司書のところです。彼らはデータベースを使って仕事する
専門家であり，人助けが好きなのです。

　PsycINFO は限定的なデータベースです。つまり，心理学研究を中心にし
ていますので，PsycINFO が見つけ出す論文は，何らかのかたちで心理学に
関係があるものになります。しかし，領域横断的にレコードが蓄積された，
もっと一般的なデータベースで探すこともできます。よく使われているの
が，Web of Science，Scopus，Google Scholar で，かなり幅広い領域の学術
雑誌を網羅しています。ただし，網羅的なデータベースには弱点もありま
す。それは，検索した際に，あまりにも膨大な数の無関係のレコードが拾い
上げられがちなことです。しかし，強みもあります。あなたの研究テーマが
学際的なものであるなら（つまり，医学や神経科学，化学，社会学などと結
びついた研究であれば），一般的なデータベースのほうが，心理学以外の領
域で刊行された関連論文を見つけ出してくれるのです。

▎集中的な検索方略

　あなたのテーマに関する論文を何本か見つけたら，それ以後の文献検索が
楽になります。ひとつの有力な方法は，逆方向検索です。役に立ちそうな論
文の文献リストをざっと眺めてみてください。そのなかの少なくともいくつ
かは読むに値する論文で，それらの論文にも同様に文献リストがあるはずで
す。そのように過去に遡っていく検索方法が逆方向検索です。もうひとつの
実用的な方法は，順方向検索です。PsycINFO のようなデータベースでは，
有益だと思った論文が，他のどの論文によって引用されているかがわかるよ
うになっています。あなたにとって有益な論文が引用されている最近の論文
は，目を通しておくに値するものであり，そのうちの多くはあなたが興味を

持って読む論文をさらに詳しく説明してくれるでしょう。最後に述べたいのは，PsycINFO では，ある特定の研究者によって刊行された論文リストをざっと眺めることができるということです。ひとりの研究者の論文を 2 〜 3 本読んだなら，その人の他の論文にも目を通してみてください。研究者はいくつかの研究テーマを探求していますので，通常の場合，そのテーマについての一連の論文があるはずです。たった 1 本ということはありません。

■ 最も読むべき論文とは何か

　心理学のある領域のなかで，最も影響力の大きい学術雑誌は何かを知っておくと良いでしょう。一般的には，影響力の大きい論文はやはり影響力の大きい学術雑誌に掲載されますので，最高水準の学術雑誌から論文を探し出すべきです。しかしながら，どの学術雑誌が良いかをどうやって知れば良いのでしょうか。ひとつの方法は，メンターや大学院生など，その研究領域のなかでどの学術雑誌が影響力を持っているかを知っていそうな人に尋ねてみることです。あるいは，主要な学会，たとえばアメリカ心理学会や心理科学会などが刊行している学術雑誌を見てもいいでしょう。なぜなら，そうした学術雑誌は定評があって信頼できるからです。しかし，こういう方法では，影響力のある学術雑誌の**すべて**を見つけることはできませんし，メンターが研究していない領域に興味がある場合には，必ずしもうまくいきません。

　学術雑誌の水準を評価する判断基準は，**インパクト・ファクター**と呼ばれるものです。インパクト・ファクターとは，その学術雑誌に掲載された論文が，1 年間に刊行された他の論文におおよそ何回引用されたかを見積もる数字のことで，それが多ければ多いほど評価が高くなります。たいていの学術雑誌はウェブページ上でインパクト・ファクターの一覧を公表しています。（神経科学以外の）心理学の学術雑誌における経験則では，インパクト・ファクターが 2 以上であれば，最高水準の学術雑誌ということになります。心理学におけるもっと生物学的な領域の場合は，インパクト・ファクター 5 以上が一流とされます。インパクト・ファクターが 1 より低い学術雑誌は，

読まれたり引用されたりすることは滅多にないことを意味しています。だからといって，そうした学術雑誌に掲載された論文が取るに足らないとか，不備があるというわけではありません。ある論文にとって最もふさわしい居場所が，その学問領域全体からは滅多に読まれることがない学術雑誌であったとしても，ある領域で先進的な研究をしているごく少数の専門家集団にとっては，それが必読の論文であるということもときにはあるのです。また，影響力の大きい論文が，多くの人に読まれていない学術雑誌に掲載されることもありますが，経験則としてはやはり，最もインパクト・ファクターが大きい学術雑誌から読み始めて，理解を深めていく進め方が賢明でしょう。

▍論文の読み方

　学術雑誌を広げてみた途端，論文が楽しむために読むものではないという理由がわかるでしょう。研究論文は，教員が学生たちに楽しく読んでもらいたいと思って書いた，軽やかで陽気な教科書とは似ても似つかぬものです。学術雑誌における研究論文は，公的な形式に則って書かれていることが一般的です。また，馴染みのない専門用語や不可解な統計処理が散りばめられていることがしばしばです。私たちにとって幸運なのは，実験結果を報告する学術論文には，決まった型があるということです。恋愛小説と同様，標準的なひな型があるのです。

　典型的な研究論文には，ひとつの標準的な構造と順序があります。

- 要約——その研究の主な目的と結果がまとめられています。
- イントロダクション——その論文の研究領域への主要な貢献と，それを理解するために必要な背景が述べられます。
- 方法——研究手続きの土台となるものが述べられます。
- 結果——記述統計と推測統計を用いて，研究結果が提示されます。
- 考察——主な目的が再び簡単に要約され，何が明らかになったかがまとめられ，さらにその研究の意味するところと限界について考えます。

論文の読み方には2通りあります。まず、明快で実用的な読み方は、最初からただ読み進めることです。要約からスタートして論文全体を読み進めながら、メモしたり、疑問点を書きとめたりします。もうひとつの読み方は、最初に「ポイントとなる概要」を読むことです。論文には要約の部分がありますので、そこを最初に読むことで、その論文が何について書かれたものであるかが大まかにわかるのです。この読み方の場合、まず要約を1〜2回読みます。そして、イントロダクションの最後に飛んで、主な目的が簡潔に述べられている、たいていは「本研究では」で始まる部分を読みます。その後、主な目的と結果が書かれた考察の冒頭に飛びます。それから、論文全体を最初から通読するのです。この読み方だと、内容の筋道がどのように展開されるかがあらかじめわかっているので、通常の読み方よりも多くのことを学べるのです。

　完璧に理解できるかまったく理解できないかの二者択一、というわけではありませんので、隅々まで理解することにこだわってはいけません。こうした論文には、読者をまごつかせる専門用語や専門的な概念、統計的技法が必ず書かれています。たいていの場合、方法や統計処理の細かな部分は、論文そのものの主な目的ほど重要ではありません。当然のことながら、筆者が何をしようとしたのか、何を強調したかったのか、覚えておくべき大切なことは何か、といったことのほうが重要なのです。その論文の主要な考えを読み取れれば、それで十分でしょう。読んでいる間は、疑問点や思いついたことを書き出し、それについてメンターと話し合ってみてください。論文の読み方を学ぶことはひとつのプロセスであり、読んだ論文について話し合うことによって、読むスキルが磨かれるのです。

　最後に述べたいのは、一度読んだ論文を数週間後あるいは数カ月後に再び読み直すのは、よくあることだということです。長い時間を費やして絶えず何かを書いていれば、自ずと疑問が湧き起こるでしょう。別の目的で読んだ論文の著者が、その点について議論していたことをぼんやりとでも思い出すことがあるかもしれません。そのときこそ、湧き起こった疑問の答えを見つけるためにしっかりと目を見開いて、その論文を読み直す必要があるので

第5章　研究論文を読み込む　*79*

す。すでによくわかっている論文においてすら，ときにそういうことが起こりうるのは，学べば学ぶほど重要と思える疑問の種類が変化してくるからでもあります。

▌まとめ

　インターネットで簡単に調べられる水準の，さらに向こう側に広がる知の世界は広大無辺です。それを探求しましょう。図書館司書に出会い，PsycINFO のようなデータベースを活用して論文を見つけ，さらに見つけた論文を頼りにして別の新しい論文を探し続けてください。データベースをもっと活用して，逆方向検索や順方向検索で文献を追い求めてください。これを続けていくことで，心理学研究の基準通貨としての研究論文[†2]を見つけ，読み込み，理解することが容易になっていくのです。

---

†2　つまり，研究論文を読み続けることが，心理学研究の世界で生き残るための唯一絶対のエッセンスであるということのメタファー。

第 **6** 章

研究論文を書いてみる

　学生が研究論文を初めて書くとき，それは研究計画書だったり，実験論文だったり，学年末のグループ研究課題だったり，あるいは卒業論文だったりするのですが，いずれにしても科学的に記述するということが，見た目以上に相当に難しいことを思い知ります。本章では，しっかりした研究論文の書き方，つまり指導教員やメンター，そして多くの読者を魅了する論文をどのように書けば良いかについて取り上げます。学術的な記述の仕方は手間暇がかかるため，最初は厄介に感じるかもしれません。しかし，それを続けていけば，やがて心理学における最も価値のあるスキルのひとつを身につけることができるでしょう。大学院も企業もすべて，文章をうまく書ける人を求めているので，書くことにエネルギーを費やせば，大いに報われることになるでしょう。

▌心理学者はなぜ論文を書くのか

　そもそもなぜ論文を書くのでしょうか。科学的な記述とは抽象的で専門的なものですが，どうしてそんな面倒なことをわざわざするのでしょうか。研究成果をどうしてウェブページやブログで公表しないのでしょうか。答えは簡単です。あなたが立法府の修習生で，充実した幼児教育が学業での成功にどのような効果をもたらすかについての科学的研究を探す，という課題に取り組むと仮定してください。PsycINFO で検索したところ，*Psychological Bulletin* に掲載された最近のレビュー論文が見つかりました。一方，インターネットで検索してみると，とある長いブログが見つかりました。あなた

はどちらを選びますか。ご存知のとおり *Psychological Bulletin* には，個々の投稿論文を綿密に審査するようそれぞれの分野の専門家に依頼し，そのコメントに基づいて執筆者に改稿を求める，いわゆる**査読**と呼ばれるプロセスがあります（第 5 章参照）。掲載が認められるのは投稿された論文の10～30％足らずですので，質的水準は高いと言えます。他方，ブログには誰もが記事を書き込むことができます。つまり，ブログの内容は査読を受けることも，編集されることも，さらには事実確認されることもないのです。さて，あなたはどちらの内容を上司に報告するでしょうか。

　科学論文は，公文書や裁判所による判決，公共政策の発表，法廷助言者による報告，そして一般大衆向けの書籍や記事などのなかで，引用されて議論の対象となるのが日常茶飯事です。正確であることを大切にする人たちは，査読を受けていないものや，評価の高い科学雑誌に掲載されていないものを重視することはないでしょう。その証拠に，PsycINFO で**尿**，**飲用療法**，**がん**という 3 つのキーワードを検索してみてください。その後，同様にネットで検索してみてください。尿を飲めばがんが治ると主張する論文は，どちらで見つかると思いますか。

▌APA（アメリカ心理学会）スタイルと，それを好む研究者──

　新入生向けの文章作成の授業で，MLA や Chicago，Harvard，Turabian といった「文章の書き方」を習ったことを覚えているはずですが，心理学では，APA スタイルに従って文章を書きます。APA スタイルとは編集形式のことで，論文の構成方法，見出しや引用文献，統計処理などの書式設定の仕方が説明されています。APA スタイルのガイドブック決定版は，『**アメリカ心理学会論文作成マニュアル（第 6 版）**』（*Publication Manual of the American Psychological Association,Sixth Edition*）（APA，2010）で，他から刊行されたものは本物ではありません。APA スタイルの参考書はいくつかありますが，この『論文作成マニュアル』（*Publication Manual*）は最も信用できます。本書では紙幅の都合で詳しく紹介する余裕はありませんが，いずれは

APA スタイルの『論文作成マニュアル』が必要になるでしょう。あなたの書棚にその 1 冊を置くだけのスペースはありますか。

　最初は多くの学生が APA スタイルに抵抗を感じ，反発するものです。引用や見出し，図表などについての自分たち独自の書き方が，気まぐれなルールによって乗っ取られたと思うからです。しかしながら，誰もが最終的には，ストックホルム症候群の学問バージョンを発症させることでしょう。つまり，あなたを捕らえた人を敬愛する，すなわちそのルールが大好きになるのです。研究者は思春期の子どものように，ルールと枠組みを内心では密かに熱望しています。大して重要ではない決定，つまり見出しの書式設定，他の論文の引用方法，論文の構成などの決定を APA スタイルが代行してくれるので，時間を節約でき，本文を書くというもっと大事なことのために知力を傾けることができるのです。

論文の構成

　重苦しい時間が間もなくやってきます。必要な情報源に印をつけ，APA の『論文作成マニュアル』にざっと目を通したら，いよいよ書かなければなりません。研究論文はいくつかの異なるセクションから構成されています。書式設定やレイアウト，見出しといった退屈な詳細を学ぶためには，『論文作成マニュアル』が必要になります。そこに書かれていること全体が APA スタイルに従うためである，ということには理由があるのです。ここで述べるヒントによって，正しい方向に進むことができます。

◆ イントロダクション ◆

　イントロダクションは，たいてい最も書きにくい部分です。イントロダクションを**文献レビュー**と呼ぶ人がいますが，適当ではありません。イントロダクションの要点は，仮説を紹介し，その仮説の意義と妥当性を論証することです。イントロダクションは，以下のような問いに答えてくれます。すなわち，①このアイデアは将来有望か，②そのことになぜ関心を持つべきなの

かの2点です。経験を積んだ書き手は，**ひとつのアイデアを正当化すること**について，適切な表現で語ります。なぜそれがおもしろくて重要なのか，そのアイデアが心理学の学術性や実践的応用となぜ関連するのかを例証することで，壮大なアイデアが正当なものであることを示せるのです。したがって，そのアイデアには意義があると信じるに足る十分な理由がなければなりません。

その研究テーマがおもしろくて重要であることの理由を説明できなければ，それはたぶん，実際におもしろくも重要でもないのでしょう。また，意欲的に取り組める目的がないまま，研究計画を実行する人がいます。たとえば，仮説よりも方法に強い思い入れのある研究者は，特に方法論的器用さ（Ring, 1967）として知られている領域にしばしばいます。そうした人の研究では，多くのアイデアが好奇心をそそるものではあっても，大して重要ではないのです。それらは華やかで輝いて見えますが，実際には見掛け倒しで，心理学における永続的な関心事とは何のつながりもありません。あるいは，アイデアがただ単に新しいだけなのです。研究者が，「このことはいまだかつて誰も着手していない」と言って，ひとつのアイデアを正当化しようとするときは，注意が必要でしょう。いまだかつて誰も着手していないのは，十分な理由があるかもしれないからです。風変わりなものと退屈なもの，思い当たる理由はこの2つです。十分な理由，つまり，なぜその研究を行ったのかという心理学的，学術的，科学的理由を探してください。

あなたのアイデアが，心理学で既知のテーマとして関心が払われているものに結びつくのであれば，そのアイデアは興味関心が払われるべき重要で適切なものと見なされるのです。そのアイデアが正当なものであると主張するためには，先行研究の背景を記述する必要があります。それはあなたの研究の学術的文脈を確立するものです。ただし，先行研究のレビューは，レビューのためだけにあるのではありません。レビューのためのレビューだけなら，そのイントロダクションは先行研究の退屈なリストでしかありません。自分がやろうとしていることに焦点を当て続けるとともに，関連した文献であれば，支持するものと支持しないもののいずれの文献にもこだわり続

けてください。イントロダクションの最後まで読めば，あなたの研究のおおよそのテーマ，その領域における重要な先行研究，あなたの仮説，そしてその仮説が理にかなったものである理由が，読者に伝わらなければならないのです。

　イントロダクションにはいくつかのひな型があります（Silvia, 2015）。たとえば，2つの理論やモデル，発見，仮説の間にある矛盾や対立に光を当てるものです。矛盾や対立に光を当てるひな型は，要するに「Aだと言う人がいるが，私はBだと思う」といったものです。別のひな型は，思いがけない類似性や相違点に光を当てるものです。つまり，一見違って見えるものが実は大いに共通していたり，逆に似たように見えるものに重大な相違点があったりする，といったようなことを取り上げるのです。最も多いひな型は，現段階でわかっていることを広げたり，進展させたりするものです。物事がどのように機能し，それが最も起こりそうなのはいつなのかを明らかにしようとするときにこのひな型が使われますが，それは「Aについてはわかっているが，Bはまだわかっていない」というものです。それ以外のひな型を含めて，そうしたひな型は他所（Silvia, 2015）で詳細に議論されています。あなたがイントロダクションのアウトラインを描こうとするとき，それらのひな型が役に立つことがわかるでしょう。

◆　方法　◆

　あなたがしたことは何だったのでしょう。イントロダクションの部分では研究課題を提示し，それが正当なものであることを示しました。方法のところでは，その研究課題をどのように検証したかを記述します。他の研究者があなたの行ったことを評価し，再現することができるように，十分な詳細が述べられなければなりません。その研究には誰が参加し，最終的にどうなったのか，何らかの変数を操作したのか，したのであればどのように操作したのか，何を測定したのか，などを記述するのです。

　方法の部分に説得力を持たせるには，行った手続きや操作，測定が，先行研究と結びついていなければなりません。他の研究ですでに似たような方法

が用いられていれば，そのことを記述し，引用しなければなりません。読者というものはウサギと同様，新奇なものを恐れる傾向があります。逆に，あなたの研究が他の人の研究に準拠したものであれば，読者はあなたの研究に大きな信頼を置くのです。研究協力者についての簡単な記述を除けば，この箇所で統計処理に言及すべきではありません。具体的な数値は次の結果のところで書きます。

◆ 結果 ◆

　結果のところでは，APA スタイルで統計処理を報告する楽しみを学べるでしょう。潔癖なまでに緻密な視点と，パソコンのキーボードの脇にあるAPA『論文作成マニュアル』がなければ，この結果の部分を書くことはできません。あなたが報告する統計処理は研究デザインに基づいているはずですが，いくつかのヒントを知っていると良いでしょう。まず，表や図を活用してください。平均値や標準偏差を本文中で述べるのはたいへんですが，表のなかに数値として表すことや棒グラフにすることは簡単です。相関係数がたくさんあるのなら，相関係数のマトリックスを表にすれば簡単です。t 検定や分散分析，相関係数などの統計的検定の名称は，本文中で述べてください。しかし，記述統計は可能なら表に落とし込んでください。

　次に，仮説に照らして結果を述べてください。よくある失敗は，統計処理だけを切り取って書くことです。たとえば，初心者は次のように書き始めます。

　　　t 検定の結果，両群間には有意差が認められた（$t(37) = 3.01$, $p < .001$）。よって，仮説は支持された。

　こんな記述だと，読んでいる人は，「はぁ？　その仮説とは何だったかな？　どちらの群が高いのか低いのかわからないなぁ……」と思うことでしょう。そうではなく，ありのままをすべて書くのです。

気分というものが人々の QOL に対する判断に影響するであろうか。
我々の仮説，すなわち，幸福な人はそうでない人に比べて自分の QOL
を高く評定するであろうという仮説を検証するために，t 検定を行っ
た。その結果，幸福な状態での QOL 評定は悲しい状態での QOL 評定
に比べて，有意に高いことが示された（$t(37) = 3.01, p < .001$）。した
がって，仮説は支持された。記述統計を表 1 に挙げる。

　この書き方は，読者に向けて結果を詳しく述べています。すなわち，仮説
を改めて述べて，独立変数と従属変数を読者に思い出させ，有意差の特徴を
明らかにするとともに，表の内容にも言及しています。
　結果のところでは，典型的には統計処理の土台部分（Salovey, 2000）から
始まります。たとえば，尺度得点の合計や平均，信頼性の程度，データがど
のように処理されたのかについての詳細，統計的仮説の検定，といったこと
の記述です。こうした地味ながらも必要不可欠な素材すべてを最初に書き出
すことで，結果に関する残りの部分をスムーズに能率的に記述することがで
きるのです。その後，最も重要な仮説が支持されたかどうかを書き，その次
に重要な仮説について記述するのです。

◆　**考察**　◆
　論文の最後の部分である考察は，あなたの研究の全体像をとらえるもので
す。結果の部分では発見したことが詳細かつ統計に基づいた書き方で述べら
れましたが，考察では一般的な，概念に基づいた書き方で記述しなければな
りません。あなたは何を見出したのか，それはあなたが期待したものだった
のか，そのことは何を意味しているのか，つまり他の理論や先行研究そして
実践的応用に向けてどんな意味合いがあるのか，さらには次の研究はどこへ
向かうべきなのか，といったようなことです。
　考察は通常，主要なアイデアと結果を簡単に要約することから始まりま
す。これによって読者は，あなたのわくわくするようなアイデアと結果がそ
れとどのように関連するかを思い出せます。その後，研究が意味する重要な

ポイントをいくつか考察してください。つまり，理論や先行研究，そして今後の研究の方向性，さらには応用領域における実践に対してどのような意味を持つかについてです。また，考察では研究の限界についても記述するべきです。自分の研究の不備な点を考えることは，今後のための練習になります。限界についての考察は，謙虚さと洞察力を着実に高めます。ただし，学生のなかには針小棒大に自らを責め立てる人もいますので，いくつかの限界を簡単に述べる程度でいいのです。また，限界を述べる際には，それらの限界をどうしたら克服できるかについても記述してください。ある人の限界が，別の人にとっては将来のための羅針盤になることもあるからです。

◆ 参考文献 ◆

　参考文献リストを書くことは魅力的な作業ではないかもしれませんが，不注意な失敗を犯したくはないはずです。整った文献リストは，あなたが規則に忠実であり，それゆえ大学院への優秀な志願者であることを示してくれます。APA『論文作成マニュアル』は，参考文献の書式設定についても説明しています。アメリカ心理学会が刊行する学術雑誌であれば，どんな論文でも，参考文献の書式をお手本にすることができます。文献があまりに多過ぎることを心配する学生もいるかもしれません。世のなかの恐れるべき事柄のすべてのなかで，文献が多過ぎることなど大したことではありません。どちらかと言えば，文献を多く挙げ過ぎて失敗するほうが，しないよりもマシなのです。たくさんの文献を読んだという事実をはっきり示して良いのです。

◆ 格好良くない終わり方：脚注，表，図 ◆

　あなたの原稿は格好良くない要素で締めくくられます。すなわち，あるとすれば脚注，そしてデータの表，図などです。APA『論文作成マニュアル』には，これらの書式設定の例が提示されています。不必要な脚注は避けたほうが良いでしょう。せいぜい１つか２つ，その代わり表や図は使ってください。すでに述べたとおり，数値は本文中よりも表に入れ込んだほうが良いのです。読者は入り組んだ本文よりも，棒グラフや折れ線グラフのほうから多

くのことを読み取れるからです。

音声，目的，そして文体

　書かれたものはすべて，ある意味で書き手の音声を伝えるものです。つまり，あなたが書いたものには，それを好むと好まざるとにかかわらず何らかの音色が伴うのです。初心者にはその音色をコントロールすることは難しいでしょう。初心者はたったひとつの書き方しかできないからです。その音色を，スペクトラム上のひとつのスポットとして考えることができるでしょう。そのスペクトラムの一方の極には友だち同士の日常的なおしゃべりのようなくだけた感じがあり，もう一方の極には公的，専門的に書かれた難解で堅苦しい音色があります。あなたが書く心理学の論文にとって，前者の極はあまりに陽気で元気過ぎますし，後者の極では，まるで税務署の書類のようにドライで味気ないものになるでしょう。

　書かれたものの音色をコントロールできることは，上手な書き手である証しです（Silvia, 2015）。それまでと違うものを書こうとすれば，それまでとは違う音色を用いるべきなのです。ブログ，ユーモラスなエッセイ，あるいは本書のような著作はくだけたほうに近いでしょうし，法律の専門書を書く場合はより公的な側に近いでしょう。研究論文においては，その両極の中間あたりを目指してください（とはいえ，もし失敗するなら，公的な側に寄り過ぎる失敗をしてほしい）。あなたとしては，他者に向けて実際の人間が書いているような印象を与えたいことでしょう。実際の人間が書いているようにとは，そのテーマに関心を持っていて，それについて何かを言おうとしている生身の人間のように，という意味です。しかしながら，同時に，先行研究の複雑さ，研究方法や統計処理の巧みさ，そして読者の多様性などに対して敬意を表したいとも思うでしょう。研究論文に関して言えば，読者はあなたのアイデアや発見について読みたいのであって，あなた自身の人柄のにじむ知性あふれる個人的な日記のようなものを読みたいわけではないのです。

　読者の受けが良いか否かが，科学的な音色の担う重要な部分です。先行研

第6章　研究論文を書いてみる　*89*

究を評価したり批判したりする際，いかなる人をも傷つけないようにしてください。たとえば，あなたが発する音色に関してよくある失敗は，「これは無意味な研究だと思う。14というサンプル数は，筆者の結論を正当化するには少な過ぎるという点が致命的な欠陥である」といったようなことを書くことです。それを読んだ人はあなたの主張に同意するかもしれませんが，その論文に自分の意見を差し挟み（「無意味な研究だと思う」），たまたま不首尾に終わった研究者を非難している（「致命的な欠陥である」）あなたのことを，気難しい厄介者だと思うことでしょう。論争や攻撃を交えずにコメントしてください。たとえば，「結果は興味深いが，サンプル数が少ないので信頼性に疑問が残る」といったように。

　何を書くべきか判断に迷った際は，科学論文を書く目的は自分のアイデアや研究を世に問うことだ，ということを思い出してください。いわゆる文芸よりはジャーナリズムに近いものです。つまり，読者は事実を知りたくて，あなたが情報源としたものを確認できるようになりたいのです。すなわち，あなたが何をしたのか，なぜそれをしたのか，なぜそれが重要なのか，といったことを知りたがっているのです。あなたは論文を書きましたが，その論文はあなた個人や，あなたの感動的な研究遍歴について書かれたものではありません。研究論文は個人的な見解や信条，その時々の気持ちを書いたものであってはならないのです。むしろ読者は，あなたが発見したこと，それに対する解釈，評価，判断，分析，主張，そして結論を知りたがっているのです。

　高校時代に習った主題文を使った文章構成について，その基本事項を思い出すことも大切です。論文は全体としてひとつの主張ではありますが，個々の段落では，それぞれが何かについて書かれたもののはずです。その「何か」とは通常，その段落の主題文のなかにはっきりと述べられており，その他の部分は，そのポイントをサポートするためにあるのです。もし自分の論文の主題文を読み取ることができ，主張していることのなかにかなり良いアイデアをつかみ取れるなら，おそらくあなたは1本の論文を仕上げたことになるでしょう。万が一，主題文を読み取ろうとしても混沌としたなかで混乱

したままでいるのなら，まだうまく主題文を作り上げていない可能性が高いのです。昔からある文章のトレーニング方法は，すべての主題文を盛り込んだアウトラインを作り，その論文が意味のある主張を構成できているかどうかを見極めることです。主張が構成できていれば，あなたはきっと良い論文を書いている最中なのでしょう。

　最初のうちは多少なりとも堅苦しい論文になるかもしれません。何事もそうですが，滑らかに書けるようになるには十分なトレーニング（たとえば，文法や文体についての教科書を読む）や，長期間にわたる実践（何年間も毎週書き続ける），そして経験豊富なメンター（指導教員や研究助言者にフィードバックを求める）などが必要になります。このスキルを身につけるには数年かかるため，まずは書くための時間を作ることから始めなければなりません。ほとんどの人がうまく書けませんので，温かくナチュラルな音色で書けるようになれば，指導教員や企業，大学院に対して好印象を与えることができるでしょう。上手に書くことを学ぶには，本を読み，たくさん書いて，フィードバックをもらうことです。巻末には，私たちの役に立つとともに，学生たちがそれを読んでうまく書けるようになった何冊かの参考書を紹介しています。

剽窃
ひょうせつ

　ほとんどの学生は，多かれ少なかれ剽窃についての講義を聴いているはずですが，繰り返し強調しなければならないこともあります。私たちの経験では，学生が他人の論文を自分が書いたものとして提出するといった，ひどく悪質な例は稀です。学生がつまずくとすれば，誰によるものかを明示せずにうっかり他人の文章を使ってしまうといった，悪意のないちょっとした失敗です。剽窃におけるひとつの側面は，注意を払えば防げる場合で，たとえば，他者のアイデアに敬意を表するのを忘れるといったことです。この失敗は，他者の論文を引用したということを明記することで，容易に避けることができます。参考文献や引用した事実をたくさん書き込むと同時に，注意を

払うことを習慣づける必要があるのです。

　剽窃のもうひとつの側面はもっと手が込んだもので，他人が書いたものを流用することです。あなたは自身の頭で考えたことを，自身の手でそのままキーボードに打ち込まなければなりません。どんなに素晴らしいと思えても，他人の著作物から文章や言い回しを無断で拝借することは絶対にしてはいけないのです。多くの学生が，原典から段落や文章を写した後，いくつかの言葉を混ぜたり，あちこちの語順を変えたりして手を加えようとします。本質的には他人と同じ内容の文章を書いて，同義語や類義語で置き換えた一連の言葉をそこに書き込んでも，やはりそれも剽窃に当たります。科学的に書くことは，コラージュや模倣画を作ることとは違うのです。たとえ情報源として引用する場合であっても，それらの文章をただ書き写しただけでは，他者の文章を剽窃したことに他なりません。

　考えたことを自分のやり方で書く方法を学ぶことが重要です。論文の筆者は自分の力で言葉を考え出したのですから，あなたもそうしなければならないのです。最初は難しく思えるかもしれませんが，それを容易にするには，ある論文を目の前に開いたまま書かないことです。学生にとってはすぐそばにある元の論文の言葉が目に入ると，自分自身の言葉で書くことが難しくなります。ですから，もともとの素材となった論文を閉じることで，自分の言葉で書くことが容易になるのです。

▌刊行に向けて書く

　授業で何かを書く場合には，自発的にというよりは人から言われて書くという側面があります。誰かから何かについて書くように指示され，それを書き，その人が読んで採点するとします。授業で書くものには採点する人がつきものですが，それは不特定多数の読者ではありません。あなたが授業で書いたものを読むのはたった一人の人，すなわち，学生の文法的な間違いに日頃からうんざりさせられているティーチング・アシスタントであることがしばしばです。ということは，書くことに関していえば，授業で何かを書くこ

とは練習としてこれ以上ないほどの格好の機会なのです。つまり，刊行されることはなく，採点者のそばにいる別の誰かに読まれることもありません。利害関係の度合いが低いことから，授業で書くことはこのうえない練習の機会になるわけです。

　もちろん，本番は刊行に向けて書くことです。見ず知らずの人があなたの書いたものを刊行し，見ず知らずの人がそれを読む，これこそが本当の意味での書くことなのです。学部生が刊行する場は2種類あります。ひとつは，ニューズレターや定期刊行物に書くことです。多くの心理学部がニューズレターやブログを発信していて，関係者向けのニュース，たとえば新しく着任した教員のインタビューや書評，学生たちのこれまでの業績，学部の歴史やイベントについての貴重な情報などを掲載しています。ニューズレターの編者は実は，苦しい立場にあります。なぜなら，その仕事は必ずしも魅力的とは言えず，たいていの場合，新しいアイデアを見つけ出すことが難しいからです。ですから，ニューズレターの編者を訪ねて，エッセイやおもしろいちょっとしたニュースなどを探していないか尋ねてみてください。学外においても，地域の心理学グループやAPAの分科会といった多くの組織がニューズレターを発行していますが，その編者はネタ探しに苦労しています。International Honor Society in Psychology（Psi Chi）には *Eye on Psi Chi* というオールカラーの定期刊行物があって，教員や大学院生，学部生のエッセイを掲載しています。ブログやニューズレターを始めて，Psi Chi などであなたが執筆したページや心理学サークルがアップしたものを，その冊子で公表してもいいでしょう。最近の学会参加についてのおもしろいエピソードや，学部生の研究計画の例，グループが催すイベントの告知などを書くこともできるのです。

　もうひとつは，査読に基づく学術雑誌に研究論文を発表することです。学部生が主要な学術雑誌に研究論文を発表することは，あまり一般的ではありませんが，以前なら意表を突くほど稀だったことでも，時代は変わりつつあります。研究論文が刊行されるプロセスは長い時間がかかります。問題意識を温める，その検証方法を探す，学内の研究倫理委員会の審査をパスする，

実際に実験や調査に着手する，データを分析する，自分の研究がどの学会に貢献したことになるかを判断する，そのうえで実際に執筆しなければならない，というプロセスです。認知心理学や社会心理学などの研究領域では，複数の実験をしなければならない場合もあります。子どもの発達などの領域では，研究が数年にわたる場合もあります。査読にパスして受理されても，それが印刷されたものとして陽の目を見るには，さらに1年近くかかることもあります。そうした理由から，あなたの行う研究が，学部在籍中に印刷された形で登場するのは，稀なことかもしれません。

　学術論文の執筆に関われるチャンスがあるなら，そのチャンスを逃さないでください。それは，専門性に関わる極めて大きなチャンスだからです。多くの人がデータ収集に参加するでしょうから，あなたも多くの著者の一人として名を連ねることになるでしょう。もちろん，筆頭著者ではないでしょうが，それでもかまわないのです。研究に関わること自体，そして，著者の一人として名を連ねられるほどまで研究に貢献できたこと自体が，名誉なことなのです。短い研究論文でさえ，複数の教員や大学院生，そして多くの学部生が関わっている可能性があります。各研究領域には，著者として名を連ねられるかどうかを判断する倫理的ガイドラインがありますので（Fine & Kurdek, 1993; McCarthy, 2012），研究チームのメンバーにとっては，できるだけ早い段階で誰が著者になりうるかを話し合うことが重要になります。

▌支援を受ける

　論文の執筆に着手してみると，科学的な記述というものが見た目以上に難しいということがわかって，何がしかの支援を受けたいと願うことでしょう。あなたの研究領域で刊行されてきた論文が，最もふさわしい支援の源泉です。現在直面している書くことに関する問題を，経験豊富な著者がどのように解決してきたかを見ることができるからです。あなたの研究領域の主要な学術雑誌に載っている論文をお手本として活用してください。論文が一流の学術雑誌に掲載されたということは，その著者たちは正しい執筆をしたは

ずなのです。たとえば，自己報告式尺度をどのように記述すれば良いかがわからなければ，方法の部分で悪戦苦闘するかもしれません。お手本となる著者は，そうした尺度をどのように記述しているでしょうか。あるいは，どれくらいの長さの考察を書くべきか，自信が持てないかもしれません。お手本にした論文の考察は，どれくらいの長さになっているでしょうか。お手本にした論文では参考文献の数はいくつですか，見出しはどうなっていますか，表にはどのような情報が載っていましたか。

　もっと助けが必要なら，学術論文の書き方についての参考書を買うこともできます。書くことが難しいと感じる人は，あなた一人ではありません。「研究者になるための自助的」参考書，といった一大マーケットを支えるのに十分なだけの受難者がたくさんいるのです。あなたの蔵書の中にも，執筆や出版についての参考書を備えるべきです。本書の巻末に，役立ちそうな参考書を紹介しています。そのなかには，学部生が授業のなかで書くことを取り上げているものもありますので（たとえば，Landrum, 2012; Sternberg & Sternberg, 2010)，初歩的な困難につまずいている場合は，手に取ってみてください。もっと複雑な問題を抱えているのであれば，教員向けに書かれたものが役に立ちます（Silvia, 2015; Stermberg, 2000)。そうした参考書では，論文執筆や専門的な学術雑誌に投稿することに関する核心的なことが詳細に説明されています。それを読めば，人前に出しても恥ずかしくない，輝かしい卒業論文ができ上がるでしょう。

　もちろん，メンターや指導教員も助けてくれます。この人たちは学術論文を書くという経験を積んできているので，詳細かつ実践的な助言を与えることができます。繰り返しますが，書くことを学ぶ最良の方法は，熟練者からフィードバックをもらうことです。メンターにあなたの論文のコピーを手渡し，コメントを求めてみてください。もちろん入念に校正した後に，です。赤がたくさん入った原稿が戻ってくると，たじろぐでしょうが，そうしたプロセスによって鍛えられるのです。大学院生がいれば，ヒントや助言を求めることもできるでしょう。大学院生はわずかな報酬で熱心に働くことに慣れていますので，1杯のコーヒーや1本のチョコレートバー，あるいは大学院

第6章　研究論文を書いてみる　*95*

生が飼っているペット用のおもちゃを買って，コメントへの感謝を表すことができます。

■ まとめ

　小学校時代の無邪気な作文を覚えていますか。初めての研究論文を手がけることで，夏休みの絵日記や，百科事典で調べることが**研究**に他ならなかった古き良き時代を懐かしいと感じることでしょう。学術論文を書くことは魅力に満ちたことでは必ずしもありませんが，心理学についての考え方を鋭利なものにしてくれます。「書くこととは，紙の上で考えることである」と述べたのは W. ジンサーでした（1988，p.11）。イントロダクションの部分で悪戦苦闘することは，文献理解を助けてくれます。結果の部分を書くことは，統計処理に対する理解を助けてくれます。つまり，専門的な学術論文を書くことは，心理学について誰かが書いたものを読むだけの通常どおりの教室での学習から，大きな一歩を踏み出すことになるのです。やがて，あなたのAPA『論文作成マニュアル』が手垢にまみれてボロボロになるでしょう。それこそが，書くことに真剣に取り組んだ学生の証しなのです。

第7章

教室や研究室の外の世界へ

　心理学専攻生として多くを学ぶための最初のステップは，教室から出て研究室に出入りすることですが，研究室で手に入れられるものは，心理学の最前線から眺めた光景です。しかし，そこからあなたはどこへ向かうのでしょうか。研究を体験することがスキルを身につけるうえで極めて重要なのと同様，研究室の外に出て，もっと広い心理学の世界に足を踏み入れる必要があります。そうすることで，単なる学生ではなく，研修中の専門家になったような気分を味わうことができるからです。本章では，知識をもっと増やし，関係性を広げる機会について述べていきます。大学には，心理学部の内外を問わず，卒業後に専門家として成長し，人生に有益なスキルを身につけるための機会が満ちあふれています。さらに大学の外の世界には，入会可能な学術団体から参加できる学会まで，もっと多くの機会があるのです。

▌ 学内の学術団体や全国規模の組織に入会する

　地元や世界中の心理学専攻生とつながりを持つことは，指導を受けている研究室から始まります。研究室に所属している人は，あなたと同じようにわくわくしながら心理学を勉強しています。そうした中核となる研究室の他にも，心理学専攻生が多く集まる学内グループがあります。たとえば，多くの大学には定期的に集まる心理学サークルがあります。ゲストスピーカーを呼んでこれまでのキャリアについて話してもらったり，学部生に大学院生を紹介したり，インターンシップの機会や就職先，大学院などを見つけることについて質問できたりします（無料の軽食が出ることがしばしばです）。

多くの心理学部には，心理学の国際育英会である Psi Chi の支部があります。あなたの所属する心理学部にもその支部があれば，入会をお勧めします。育英会として Psi Chi には入会資格が定められています。学生は，3学期分の学修課程を終えて心理学の科目を9単位以上取得し，なおかつ GPA（成績平均点）の基準を満たさなければなりません（入会資格を詳しく見るには http://www.psichi.org を参照してください）。会員として認められると，おしゃれな会員バッジと記念品がもらえ，さらに機関誌 *Eye on Psi Chi* が送られてきます。その機関誌には，心理学の体験を充実させてくれる実践的な記事が掲載されています。また Psi Chi の会員には，学会参加のための旅費の一部から自らの研究のための助成まで，広範囲にわたる補助金制度を受ける資格が付与されます。

しかしながら Psi Chi 最大のメリットは，学問的な交流と，それに基づく仲間とのネットワークが得られることです。Psi Chi 支部には優秀な学生たちがいて，誰もが同じ選択肢を抱えて奮闘努力しています。すなわちインターンシップの機会を探すこと，研究に取り組むこと，学会参加のための資金を手に入れること，そして大学院について理解することです。4年生は，研究室選びから大学院進学適性試験（GRE）の準備に至るまで，ありとあらゆることに関する親切なアドバイザーです。そうしたことはすべて彼らも歩んできた道のりだからです。多くの学生が，Psi Chi の会員は自分のために将来の道を切り開いてくれたと証言しました。ですから，もしあなたの大学に Psi Chi の支部があれば，是非入会してください。ない場合には支部の立ち上げを考えるべきでしょう。そうすれば，まず間違いなくあなたが支部長になります。そのことは，あなたの業績調書のなかで燦然と輝く経歴になるのです（第11章参照）。

また，全国規模の学会や国際学会の学生会員になることもできます。大きなものでは，たとえばアメリカ心理学会（APA）や心理科学会（APS）などです。APA は心理学者のためのアメリカ最大の組織で，ウェブサイトでは学生向けに無料で情報を提供しています。年会費は高くありませんし，APA が刊行した書籍や視聴覚教材を割引価格で買うことができます。

Monitor on Psychology は心理学に関する月刊誌ですし，学術雑誌 *American Psychologist* も無料で届きます。そうした貴重な読み物を手に入れられるだけではなく，APA のメーリングリストにも登録されますので，非会員の学生が知り得ない機会についての情報が届くのです。

APS も同様の組織ですが，特に心理科学（science of psychology）に特化した学会です。わずかな年会費で入会でき，複数の学術雑誌が届きます。そのうち，*Psychological Science* には，さまざまなテーマについての短いながらも興味深い記事が載っていますし，*Current Directions in Psychological Science* には，トップレベルの研究者によるコンパクトなレビュー論文が掲載されています。こうした学術雑誌は学生にも理解できるように作られているので，楽しく読むことができます。また，APA の *Monitor* に似た APS *Observer* という機関誌も届きます。APS の学生部会では，オンライン上でメンターの指導が受けられる方法を紹介したり，無料のニューズレターを発行したり，わずかながら補助金も支給したりしています。APS のウェブサイトもまた，研究する学生に向けた情報を提供しています。

上記の２つの学会は最大級のものですが，あなたの研究テーマを支えてくれる専門分野別の学会にも興味を持つかもしれません。心理学の多くの学会には，少ない費用で情報が得られる学生会員制度があります。たとえば，APA には心理学の専門分野に特化した50以上の部会があります。こうした部会は学生を受け入れ，研究に取り組むことを奨励しているのです。

▌学内のイベントに参加する

キャンパスを歩いていて，講演会の開催を告知するポスターやチラシを目にしたことがあるでしょう。大規模なものでは，有名人が大学にやってきて大勢の聴衆に向けて話す講演会や，小さいものでは，近隣の大学から誰かが来て，あなたの大学の Psi Chi の支部で自分の研究について紹介するものなどです。大学というところは毎年，数多くの人を招きますが，参加者はさほど多くはありません。学術的なイベントに参加することは，頭脳に栄養を与

え，広大な知の世界について学ぶための貴重な機会となります。

　心理学に関連した講演会については，心理学部の掲示板に貼ってある，Colloquium を宣伝するチラシを見てください。Colloquium とは，一般の人にも公開されている無料の学術講演会のことです。また，Job talk を探してみるのもいいでしょう。Job talk とは就職活動の時期に大学で行われるもので，自分の研究について語り合います。学部の心理学サークルや Psi Chi 支部が，一人か二人を毎年 Job talk のために招いていると思います。そして最後に紹介するのが，通常ある特定のテーマや研究領域に焦点を当てた Brown bag talks と呼ばれるもので，そこでは教員や大学院生が最新の研究成果を発表します。Colloquium と Job talk は，たいてい一般の人にも公開されており，しかも無料です。Brown bag talk は通常，あまり堅苦しくない雰囲気で行われるものなので，担当者を探し当て，参加してもいいかどうかを尋ねても良いでしょう。

　講演会のテーマに夢中になれなくても，顔を出すだけで学部内でのあなたの認知度が高まるとともに（私たち教員３人が，会場に来ている新顔の名前を尋ねるのは，珍しくない），新しいアイデアに触れることが可能です。また，専門家による講演がどのようなものであるかを目の当たりにすることは，良い講演，良くない講演，退屈な講演を見極めるチャンスとなるでしょう。どれが良くて，どれが良くないか，メモを取ってください（研究についてうまく語ることは，第10章で詳細に述べる）。ときには Brown bag talks や Colloquium において，無料の軽食やコーヒーが出されることもあります。

蔵書を増やす

　実験室で着る白衣は，着ている人を間違いなく格好良く見せるでしょうが，心理学者の研究室にある書籍は，ただ単に見栄えを良くするためのものではありません。教員が書籍を活用するのは，ある特定の領域においてどんなことが行われてきたかを学ぶため，学生に文献を紹介するため，授業のアイデアを膨らませるため，さらには，そのテーマに関する最新の研究を見つ

けるためです。教員の蔵書は，あなたのような学部生だった頃から増え続けているのです。

　学生の生活費からすると書籍は高価に思えるかもしれませんが，持っているだけの価値はあります。大金をはたかなくても，役に立つ書籍を増やすことができます。第一の方法は何冊かの教科書をとっておくことです。古書店に買い取ってもらっても4.17ドルにしかなりませんが，いつか調べ直すときのためにその教科書を手放さないでいることの価値は，はるかに大きいのです。高価な書籍に目をつけるなら，電子ブックや古書を探すこともできます。買うべきかどうかを見極めるために一度目を通したければ，図書館から借りられますので，蔵書として持っておくべきと判断したのなら，その後にお金をかければいいのです。図書館にない場合でも，たいていは図書館相互貸借を通して別の図書館から取り寄せることができます（もちろん無料）。

　役に立つかどうかは書籍によってさまざまです。もし大学院進学を目指しているなら，APA の**論文作成マニュアル**（APA, 2010）は必携です。何らかの助言が必要なとき，この APA の論文作成マニュアルのような専門的なスキルに関する書籍が手元にあれば便利です。専門的な問題に関する初心者向けのリストを本書の巻末に載せています。もうひとつ，手元に置いておくべき類の書籍は**ハンドブック**で，ある特定の研究領域における最先端の知見を章立てで集めたものです。自分が興味を持っている領域の新しいハンドブックが刊行されれば，私たちはたいていそれを買って書棚に並べます。こうしたハンドブックは，指導教員の質問への答えが欲しいとき，あるいは最新の研究結果の要約を知りたいときに取り出すべきものなのです。

学会に参加する

　学会は，教員や学生が集まって最新の研究やアイデアを発表する学術的なイベントですが，学部生にとってはまたとない絶好のチャンスです。なぜなら，開催地に赴き，学会に参加して，同じ道を行く学生と知り合うことほど，専門家の卵としてのアイデンティティを研ぎ澄ます機会はないからで

第7章　教室や研究室の外の世界へ　*101*

す。学会とはどのようなもので，どのように参加すれば良いかについては次の第8章で詳しく述べますので，ここでは，できるだけ学会に参加してほしいとだけ簡単に述べておきます。典型的には，研究室や Psi Chi の支部といった授業以外の場において，学会についての情報が得られるでしょう。

　学会に参加することは意義がありますが，学会で研究を発表することはもっと大切です。最初の学会発表の経験はおそらくポスター発表でしょうが，口頭発表の可能性もあります。第9章と第10章において，発表のための準備や方法について説明します。自分の研究を他の研究者に向けて語ることほど，研究者になりつつあることを実感できるものはありません。学外で行われる学会に出向いて発表することができなければ，学内での選択肢に目を向けてみてください。たいていの大学には，学部生でも発表が可能な学術的なイベントを企画するオフィスがあります。こうしたことは，人前で話すスキルを身につけるとともに，仲間が何を研究しようとしているかを知ることのできる，またとない機会なのです。

役に立つ授業をとる（他学科の授業でも）

　多くの学生にとって選択科目を選ぶことは，何が必修科目であるかを見つけることや，それが他の必修科目と重なっていないことを確かめるのと同じくらい容易なことです。しかしながら，やる気のある心理学専攻生が選択科目をとることは必修科目以上のメリットがあります。選択科目をとることは新しい発想に通じる道であり，新しい研究スキルを身につける方法であり，かつまた競争力を高める手段なのです。心理学は人間の行動についての学問ですから，大学で履修するほとんどすべての科目が心理学とつながっていて，研究テーマを生み出しうるものなのです。スポーツや芸術，音楽はどうでしょうか。実はそうした領域にも，人々がどうやって成果を上げるかというテーマを取り扱う心理学の専門領域もあるのです。健康や幸福に関心はありますか。公衆衛生学や看護学，教育学，栄養学，スポーツ科学といった科目もあります。法科大学院についてはどうでしょう。目撃記憶や容疑者に対

102

する効果的な面通し，意思決定などを議論する社会心理学や認知心理学を
とってください。楽しそうでおもしろそうだと思える授業をとっていれば，
失敗することはありません。そうした授業はどれもあなたを人として成長さ
せるものであり，ただおもしろそうだという理由だけで物事を選択できる機
会は，他にはありえないでしょう。

　学部にも，教室と現実世界を結びつける複合型授業があるでしょうが，そ
うした授業は，人と関わる仕事を望んでいる学生にとっては貴重なもので
す。**インターンシップ**，**フィールド学習**，あるいは**実習**と呼ばれる科目はた
いてい，教室での座学と心理学関連のコミュニティ・グループでの実践活動
とを組み合わせた授業です。心理学関連のコミュニティ・グループとは，た
とえばカウンセリング，依存症からの回復，摂食障害，問題行動などへの医
療サービスなどを専門とする精神保健福祉センターやクリニックのことで
す。そうした授業では，心理学における対人援助の領域に焦点を当てますの
で，臨床心理学やカウンセリング心理学に関連した職業を考えているのであ
れば，極めて意義深いものとなるでしょう。

　もっと目標を絞ったアプローチとしては，大学院や専門職大学院，求人市
場などに向けて，自分を強力にアピールするためのスキルを提供する科目を
考えてみてください。たとえば，心理学専攻生はしばしば数学を嫌がります
が，数学の授業は，他では学ぶことのできないアイデアや考え方を教えてく
れます。それと同様に，心理統計の授業をとることもスキルを増大させる絶
好の手段です（心理統計の授業でうまくやっていくヒントは，第4章参照）。
もうひとつ，正当に評価されていない選択科目はコンピューター・サイエン
スの領域のものです。コンピューター・プログラムを学ぶと聞けば怖じ気づ
いてしまいますが，初学者向けの科目はそれほど難しいものではありませ
ん。オペラント条件づけと古典的条件づけの違いが理解できるなら，for-
next loop と while loop[†1] との違いがわかるはずです。最近では，多くの心

---

†1　いずれも，コンピューターブログラミング言語において構文に喩えられる制御構造
　　のこと。

理学者がデータを処理したり，実験刺激を考案したり，あるいは単に楽しみのために独自のプログラムを開発したりしています。その方法がわかれば，大学院進学を志願するときに大きな利点になるでしょう。将来あなたを雇用する企業側は常に，プログラミング技術に感銘を受けるのです。

　生物学の授業も，心理学専攻生にとっては恩恵となります。生物学は，生命科学のなかで急速に進歩している領域です。生物学や神経科学，そして遺伝学は，現代心理学においても不可欠な部分です。生命科学にまつわるバックグラウンドがあれば，あるいは少なくとも RNA 転写とは何かを知っていれば，将来の心理学者としてアピール力や競争力を高めることができるでしょう。最後に述べたいのは，大学によっては，内容は心理学でありながら科目名に心理学とは銘打たない授業もあるという点です。たとえば消費者行動学は，明らかにマーケティングやビジネスに応用された心理学です。また，組織行動管理学は職場環境に応用された心理学，運動とスポーツの科学は運動技能の心理学，教育研究は学校教育現場に応用された学習の心理学なのです。こうした隠れた宝石を見逃さないでください。それらの授業はおもしろいですし，あなたの学科よりも，もっと幅広い心理学関連の授業を提供しているのです。

▌あれこれ手を広げない

　私たちは学生の皆さんに，研究室や授業から多くを学び，学外の活動にも参加してほしいと願っていますが，自分のゴールを目指した集中力を維持するようにしてください。ゴールとはつまり，専門性と知性を高めるのに役立つスキルや知識，関係性などを身につけることに他なりません。そのためには，参加することそのものが目的となってはいけません。私たちはこれまで，多方面に手を広げ過ぎる学生を多く見てきました。手を広げ過ぎる理由は，たとえば，動物保護施設でボランティア活動をしたとか，キャンパス内の風変わりなグループのメンバーだったとか，骨董品の修復方法を学んだといったような経歴を積むなど，高校時代に必要とされたある種の「履歴書作

り」が今も必要だと考えているからです。今は，専門性を高めていくことが求められているわけですから，「課外活動」そのものが必要なのではありません。そうしたことではなく，専門性を育てることに役立つ活動にこそ限られた時間を費やすべきなのです。心理学の知識やスキルを研ぎ澄ます活動とは，就職や大学院進学を志願するときに大きな違いをもたらすものです。合気道クラブに入会したり，水泳を楽しむために出かけたりしてはいけないと言っているのではありません。あなたの趣味と専門性を高める活動とを，混同してはいけないと言っているのです。

■ まとめ

　心理学専攻生として充実した大学生活を送っているほとんどの人にとって，心理学は単なる専攻分野ではありません。それは，いわばライフスタイルのようなものなのです。本章で述べてきたことのほとんどは，自由意思に基づく選択であって，どうしてもしなければならないことではないと思われるでしょうが，事実そのとおりなのです。しかしながら，心理学的ライフスタイルに一意専心することは，あなた自身が他の学生よりもアピール力のある学生になるための良い方法なのです。他の領域の科目を履修し，学会や講演会に出向き，蔵書を増やし，そして学内や全国の組織に参加することによって，自分自身を他の一群の学生から際立たせてください。学問を志す人生は，信じられないほど楽しいものです。ひとりの学生として，スキルを身につけ，同じ道を歩んでいる，好奇心を満たしてくれそうな人たちと会うなかで，存分に楽しむたくさんの方法があるのです。

第 **8** 章

学会に参加する

　ステレオタイプと呼ばれるもののなかには，核心的な真実を含んでいるものがあります。概して，大学の教員は読書が好きで，カジュアルな服を着ていて，公共ラジオ放送を好んで聞きます。では想像してみてください。大学の教員の大集団が一堂に会して心理学について語り合うと，何が起こるでしょうか。そうした集まりは**学会**と呼ばれます。教員や大学院生，学部生が集まって，心理学の新しい知見を学ぶとともに，古い友人と情報交換を行うのです。静かに着席して行儀よく話を聞き，そしてコーヒーを飲むという最も楽しい時間です。

　学会に参加することは，おそらく教室の外で学ぶ最善の方法でしょう。最新の研究について学びながら，心理学に興味を持っている何百，何千もの人たちと一緒に数日間を過ごすわけです。その領域では最も著名な研究者による研究発表を聞けるだけではなく，将来の雇用主になるかもしれない人や大学院について助言してくれる人に会えますし，他大学の心理学専攻生とあなたの指導教員の噂話をすることもできるのです。普通の人の頭なら，学会が行われている2～3日間で煮詰まってしまいます。目が充血して，心理学の話を聞くことに疲れてしまい，ちょっと休憩をはさみたいと感じたなら，その学会参加は成功だったと言えるでしょう。

学会についての概説

　では，なぜ学会へ行くのでしょうか。行くことで何が得られると期待できるのでしょうか。研究者が学会に参加するには，いくつかの理由がありま

す。第一に，学問の世界は急速に進歩しているからです。研究成果が活字になって陽の目を見るのには，つまり学術雑誌に論文が掲載されるには数年かかる可能性がありますので，最新の知見についての情報を仕入れるために学会に行くわけです。発表する人は，自分の研究について短い時間（通常10〜15分）で口頭発表するか，最新の知見をまとめたポスターを張り出すことになります。第二に，学会は専門的なスキルを身につける絶好の機会になるからです。たいていの学会には，大学院への入学方法や論文をうまく書く方法，就職先の見つけ方といった特定のテーマに特化したセッションがあるものです。このように学会は，地元から離れて遠出しホテルに泊まり，友人と一緒に過ごすための十分な理由になりうるのです。

　学生の立場では，学会に出かけることから多くを得られるでしょう。大学院進学に向けたアドバイザーになる可能性のある人に直接会えたり，現役の大学院生から他では聞けない内部情報を聞き出せたり，大学院進学に関するワークショップからヒントを得られたりするからです。研究に着手しているのなら，自分の研究成果を発表し，あなたのテーマに関心を持つ人からフィードバックを受けることもできます。そうすれば大学院入試や就職活動の際，ひとりの専門家として名乗れますし，必要最低限以上のことを頑張っているとアピールできるでしょう。

　学生が初めて学会に参加すると，目を見張るような思いをするものです。あまりにも多くの学生と教員が一カ所に集まっているのを見て，衝撃を受けるのです。心理学という学問が人間の姿に見えてきて，その体温が肌で感じられるほど身近な存在に思えてくるわけです。普段の授業では，著名な心理学者による有名な研究について教員から話を聞きます。ところが，学会ではそうした著名な心理学者が，自分の過去の研究や最近やろうとしていることについて，自ら話すのを目の当たりにできるのです。研究に取り組んでいるのであれば，同じ領域で研究している他の研究者に会えるでしょうが，そのなかには読んだり話題にしたことのある論文の著者も含まれるでしょう。あなたが使っている教科書の執筆者に，ばったり出くわすかもしれません。もちろん，他大学の多くの心理学専攻生とも会えるのです。その人たちは，就

職や大学院入試での真の競争相手になる人たちです。何よりも、身なりをきちんと整えた学生集団の存在によって、学外での競争がいかに厳しいかを思い知らされるのです。

学会大会の実像

　毎年、心理学の学会大会は数多く開かれていますが、それらを分類する方法は2通りあります。ひとつは**地理的な分類**です。国内の特定の地域には地方学会があり、心理学のあらゆる領域をカバーしています。もうひとつは**領域別の分類**です。発達心理学や臨床心理学、社会心理学といった、心理学の特定の分野に特化した領域別学会で、口頭発表もポスター発表も、その領域における研究に限られます。

　地理的な分類に基づく学会で最大のものは、大規模な全国大会です。何千人もの人が、大会参加のためにひとつの街になだれ込んできます。たとえば、アメリカ心理学会や心理科学会などの年次大会です。そうした全国大会は心理学のあらゆる領域をカバーしていますので、どんな人が参加しても勉強になります。地方学会も全国学会と同様、心理学の主要な領域をカバーしています。表8-1は主要な地方学会のリストです。こうした学会の大会には多くの人が集まりますが、学部生にも人気の学会です。次にサイズの小さい学会は、州ごとに開かれる小規模な地方大会です。

　領域別学会は心理学の限定されたひとつの領域をカバーします。表8-2

表8-1　地方学会と略号

東部心理学会（EPA）
中西部心理学会（MPA）
ニューイングランド心理学会（NEPA）
ロッキー山脈心理学会（RMPA）
南東部心理学会（SEPA）
南西部心理学会（SWPA）
西部心理学会（WPA）

表 8-2　領域別学会の例

認知心理学
認知加齢学会，基礎心理学会，記憶と認知に関する応用研究学会
社会心理学・パーソナリティ心理学
パーソナリティ心理学会，パーソナリティ・社会心理学会
臨床心理学
認知行動療法学会，心理療法学会，精神病理学会
発達心理学
認知発達学会，子どもの発達学会，思春期・青年期学会
生物学的心理学
国際発達精神生物学会，神経科学会，精神生理学会
学際的領域
アメリカ法と心理学会，国際知能学会，国際攻撃性心理学会，国際感情心理学会，産業組織心理学会，社会問題に対する心理学研究学会

はその例です。たとえば，臨床心理学者は認知行動療法に関する学会の年次大会に集まります。社会心理学者はパーソナリティ心理学や社会心理学の年次大会に参加しますし，発達心理学者は 2 年に一度行われる子どもの発達研究の学会に参加します。認知心理学者は基礎心理学会の年次大会に参加します。こうした学会は多くの人を魅了しますが，その専門領域だけに焦点を当てています。もっと小規模な領域別学会では，さらに専門的な下位分野を取り上げます。心理学のどのようなテーマも，その輪郭が極めて明瞭であるため，多くの人がそこで口頭発表やポスター発表をしてみようという気になるわけです。

　学会大会は，一般的には大都市の大きなホテルで開かれます。ホテルでウロウロするために出向くのか，と最初は奇妙に思うかもしれませんが，それは理に適ったことです。たいていの人は遠方から学会に参加しますので，開催地には空港がある都市が選ばれます。しかも，ほとんどの大会参加者は泊まりがけで学会に参加します。そのことを考え合わせると，学会は大きなホテルで開催されるほうが良いということになります。実際，多くの参加者は，大会が開催されるホテルに滞在するのです。学会によっては早朝から口

頭発表が始まる場合もありますので，ベッドから起き出し，開始時間の早さをぼやきながら，口頭発表が行われるフロアにふらふらと階段を下りていくのに便利なのです。昼間に部屋に戻って，ちょっとした仮眠をとるのにも便利です。大規模な大会はコンベンションセンターで開かれることもありますが，そこにもたいていはホテルやレストランが併設されています。

■ 学会大会で何をするのか

　大会の参加者はたいてい，発表する予定がなくても数カ月前から参加登録をします。会場に到着するとホテルのスタッフから学会の受付に行くように促され，そこで名札と，場合によっては学会からの配布物が入った手提げ袋を受け取ることができます。これまで学会のロゴマークの付いた趣味の悪いトートバッグをいくつもらってきたか，数えきれないくらいです。たいていの学会は**大会プログラム**を発行しますが，それには学会が企画立案したさまざまなイベントやその時間帯，会場などがすべてリスト化されています。最近では，大会が開催される前に，学会のウェブサイトからデジタル・コンテンツとして入手可能なプログラムも多くなりました。しかし，今でもしばしば，学会の受付にて紙媒体のプログラムを手に入れることができます。

◆ 口頭発表を聞く ◆

　大会のほとんどは口頭発表から成り立っています。研究者はこれまで手がけてきた研究について発表し，フロアの人はそれを聞いて質問します。大学の授業で，教室の後ろのほうにばかり座ることで教員を怒らせたことがあるなら，学会会場で，自分たちは間違っていなかったと感じることでしょう。大会では，教員であっても後ろのほうに座ることを好むからです。一般的に，口頭発表には長いものと短いものの2種類があります。長いものはだいたい45分ほどで，典型的には，著名な研究者を招待し，研究内容について長めに発表してもらうためのものです。こうした発表は，多くの聴衆を魅了します。長い発表は，基調講演者やその大会を主催した大会長，学会賞の受賞

者，さらには多方面の著名な研究者によって行われることもあります。

　一方，ほとんどの口頭発表は短いもので，一般的には15分ほどです。こうした口頭発表はテーマごとにまとめられており，**セッションやシンポジウム**と呼ばれます。たとえば，うつ病に関する6本の口頭発表がまとめられ，「うつ病研究の新しい動向」などと題された90分のセッションになります。それぞれの発表者には15分ずつ与えられますが，理想的には，発表者は12分かけて発表し，残りの3分を質疑応答にあてます。しかしながら，普段の授業からわかるとおり，たいていの教員はとめどなく話し続けますから，そのセッションの司会者から，終了を言い渡されることもあります。短い口頭発表は，たいてい教員や大学院生によって行われます。学部生が学会で口頭発表することはそれほどありませんが，次第に一般的になりつつあります。地元の学会や地方大会で学部生の素晴らしい口頭発表を聞いたことがあるので，まったく不可能というわけではありません。初めての口頭発表を行う際には，第10章を読んでノウハウをつかんでください。

　もう少し口頭発表について述べるなら，学会大会では複数のセッションが同時進行で行われますので，興味のあるセッションを選ぶことができます。たとえば地方大会では，動物の学習，子どもの発達，心理査定，そして記憶の4セッションが同時に行われるのです。そうしたセッションが，長めの招待講演やワークショップ，ポスター発表などと重なることもあります。参加したくなるものがたくさんあるため，魅力的なセッションに印をつけて，その日の計画を立てると良いでしょう。一日のプログラムは，たいてい午前8時から午後6時まで行われます。大会期間中の2〜3日間で，どれほど心理学を愛しているかが試されるので，しばし仮眠をとったり，コーヒーを飲んだりしながら臨んでください。

◆　ポスター発表を見に行く　◆

　ポスターセッションは，研究を発表するもうひとつの形態です。おそらく，36×48インチ（およそ91×122センチ）にもなる大きなポスターに研究の要約を書き，それを大きなイーゼルに貼り付けます。ポスターセッション

第8章　学会に参加する　*111*

の最中は，たくさんのポスターが広い会場の中に展示されます。発表者は自分のポスターの横に立ちますので，ざっと眺めてその研究について話し合うことができます。ポスター発表では，口頭発表よりも発表者との双方向的な対話が可能です。つまり，発表者が研究したことや次に計画している研究について，じっくりと話し合うことができるのです。ポスターは読むためのものではありませんので，誰かのポスターの前で静かに立ち続けるのではなく，ざっと眺めて次に移動するのです。ポスターセッションのポイントは，ざっくばらんに話し合うことですから，おもしろそうなポスターが見つかったら，発表者にその人が行ったことについて尋ねてみてください。「これは何についての研究ですか」とか「あなたたちは何を行ったのですか」と，ただ尋ねれば良いのです。

　たいていの学生は，ポスター発表をすることで学会発表を経験し始めるのですが，口頭発表ほどにはストレスにならないでしょう。ポスター発表をする機会がある人は，第9章を読めばどのようなポスターを準備し，発表したら良いかがわかるでしょう。

◆ ワークショップや実践的なプログラムに参加する ◆

　学会大会は，研究発表のためだけにあるのではありません。学部生や大学院生，そして就職先を探している人に向けたプログラムも準備されていることがあります。こうした実践的なプログラムに参加することは，アドバイスを得てスキルを身につけるための絶好の機会です。たとえば大学院受験に関するセッションなどです。発表者には，最近大学院入試に合格した人や地元の大学で大学院生を指導している人，あるいは多くの大学院生とともに研究を行っている教員などが含まれるでしょう。その他にもよくあるテーマとしては，論文執筆のための指南，大学院への進学ガイド，新しい統計手法や研究計画法，補助金や奨学金の申請方法などが挙げられます。学部生を対象にしたプログラムを見逃さないようにしてください。良いアドバイスが得られるはずです。

◆ 展示会をチェックする，書籍を購入する ◆

たいていの学会では**展示会**があり，心理学者にさまざまなものを売り込みたい企業が出展します。展示会に参列する企業は，学会にお金を払ってブースをセッティングし，商品を展示します。出版社も通常，割引価格にて書籍を販売します。会社によっては，研究用や統計用のソフトウェアを宣伝するところもあります。他に心理検査や豪華な実験装置を宣伝する会社もあります。地方学会では，心理学領域への大学院進学を勧誘する入試担当者が来ている場合もあります。規模の大きな学会では，心理学者を雇用したいと思っている人事担当者を見かけることもあるでしょう。

展示ブースは学会の楽しい部分です。専門書を割引価格で購入したり，ときにはボールペンや人の脳の形をした石鹸といった，無料のお土産をもらえたりします。ただし，脳の形をした石鹸などをお土産として地元に持ち帰っても，誰も喜びませんが。展示ブースはたいていポスター発表の会場近くにあるので，ポスター発表を見て回る際に展示をチェックできます。

◆ ネットワークと交流 ◆

最後に最も大切なことをお伝えします。人と会って交流する時間を持つことは，学会に参加する重要な部分で，おそらくは最も楽しいことでしょう。人との交流に関して言えば，学会は，大学院についての内部情報を仕入れるとともに，そこで研究している人に好印象を与えることのできる場でもあるのです。大学院で一緒に研究したいと思える人が見つかったら，是非その人に話しかけてみてください。大学院生に出会えたら，その大学院を気に入っているかどうか尋ねてみてください。すでに何らかの研究に着手しているなら，その専門領域の研究者から有益な情報を手に入れることもできます。同じ領域で研究している人がいれば，会いに行って，電子メールで送ってもらえそうな印刷中の論文（学術雑誌に受理されてはいるが，まだ活字として刊行されていない論文）があるかどうか，尋ねてみてください。

そのうえで，いろいろな心理学者と交流しましょう。あなたはそのための

第8章　学会に参加する　　113

広範囲にわたるトレーニングを，すでに積んできているはずです。その領域
の著名な心理学者と無理に話そうとする必要はありません。緊張するのは当
然のことでしょうから。あなたが学部生なら，まずは他大学の学部生と友だ
ちになれば良いのです。その後，何年にもわたって，学会のたびに会うこと
になるでしょう。専門家としての道のりを一緒に歩んでいくことになる，同
世代の仲間が欲しいはずです。大学院を志願して入学し，そうした仲間たち
と切磋琢磨しながら論文を書いて，ほぼ同じ時期に就職するわけですから，
同世代の仲間はサポートとアドバイスを得られるネットワークなのです。

学会における行動規範とエチケット

　学会においてどのように振舞えば良いかは，多くの助言を必要としないで
しょう。結局のところ，身なりをきちんと整えた大勢の見知らぬ人たちに囲
まれるのですから，スポーツウェアで参加することは気まずいはずです。行
動修正が必要な人たちに向けて，ここでいくつかのヒントを紹介します。

◆ 服装 ◆

　学会へはこぎれいな格好で参加すべきです。「ビジネス・カジュアル」の
水準だと思ってください。このことは，大学へは決して着て行くことのな
い，しっかりした服を身にまとうチャンスだと思ってください。専門家が集
まる専門的な学会に参加するのですから，あなたには専門家としての身だし
なみと振舞いが求められるわけです。もし大学院への進学を予定しているの
なら，学会の会場で将来の指導教員になる心理学者にばったり出くわすこと
もあるでしょう。予定があるとしても，終わってすぐに遊びに行くような姿
を見られたくはないでしょう。したがって個人的なスタイルに関して言え
ば，学問の世界とは，かなりの忍耐を求められるところであると言えます。
ただし，この21世紀においては，ピアスや斬新な髪型を隠す必要はないで
しょう。専門家のひとりとして最高水準の自分自身であろうとすること，そ
してそれを，ありのままの自分として維持しようとする気概が必要になるの

です。

　たいていの大会日程は午後5時頃に終わりますが，大会でのもうひとつの楽しみは仲間と連れ立って繁華街に繰り出すことです。街中を探索するのは良いですが，専門家と交流するために大会に参加しているのであって，遊びに来ているわけではないことを忘れないでください。会食や懇親会といった時間外のイベントも，人とつながって自分の専門性を高めるために活用してください。

◆　マナーと行動規範　◆

　学会における重要な行動規範のひとつは，研究発表に対する質問の仕方に関するものです。質問したいことがあれば是非してほしいのですが，発表が終わるまで待ってください。発表者は最後まで邪魔されることなく発表し，最後に質問に答えるというのが一般的です。また，あなたの想像とは裏腹に，研究発表に対しては敵意むき出しの挑発的な質問は滅多にないことに気づくでしょう。たとえそうせざるを得ないと思われるような場合であっても，人の粗探しは無作法なことです。もしその発表が説得力のないものと感じられた場合，後で友人と噂話をすることはできるとしても，人前で発表者を攻撃するべきではありません。あなたが私を人前で傷つけない限り私もあなたを傷つけることはないという黄金律は，よくできているものです。そうはいうものの，経験を積んだ発表者のなかには，自分の発表に挑んでくるような，よく練り上げられた質問をむしろ期待している人もいます。そうした人は，質問が礼儀に適った専門的なものであれば，喜んで議論を戦わせるでしょう。

　大勢の人の前で質問するのは恥ずかしいかもしれませんが，それ自体，問題ではありません。恥ずかしいのは，私たちが心理学者であって不動産業者ではないからです。セッションが終われば，聴衆はドリンクコーナーやトイレに向かって会場から出て行きますが，発表者は会場の前のほうでまだ誰かと話し込んでいます。つまり，発表が終わった後でも発表者に質問することができるのです。また，セッションが終わってしばらくして，学会の会場内

でその発表者と出くわすこともあるでしょうから，後からいつでも質問することができます。

◆ よく聞くこと ◆

　研究発表の聞き方にもエチケットがあります。まず，携帯電話の電源を切ることです。**切る**とは作動しないようにするという意味で，着信音やバイブレーター，点灯など，すべてがオフであることを意味します。もし発表中にあなたの携帯電話が作動したら，皆から注目を浴び，バツの悪い思いをすることになります。学会に参加する人というのは非常に記憶力が良いので，あなたは着信音を鳴らした迷惑な人物として，人々の記憶にずっと残るでしょう。携帯電話の電源を切るもうひとつの理由は，メールをチェックしたいとか返信したい，あるいはネットニュースで些末な記事を確認したいといった誘惑を回避するためです。あなたは研究発表の会場にいて，大勢の心理学の専門家に囲まれているのです。こっそり携帯電話をいじっていると，学会に参加している専門家としてではなく，大きな講堂のなかにいる一学生と見なされてしまいます（教員がこっそり携帯電話をいじっている姿をあなたが目にしたなら，そうした教員の未熟な振舞いを嘲笑ったり，独善的な人物であると感じたりするのは自然なことである）。第二のエチケットとして，発表の邪魔をするような質問の仕方をしないことです。発表の後に質問の時間が用意されているはずです。もし発表が長引いて質疑応答の時間がなくなったなら，セッションの終了後に質問すれば良いのです。

　エチケット以前の問題として，何かを学ぼうとする機会を逃すべきではありません。たとえ興味関心とは結びつきそうにない発表であっても，何か新しいことを学ぶ機会になりうるのです。インスピレーションがどこから湧いてくるかは，誰にもわかりません。新しいタイプの研究デザインや斬新な統計手法，あるいは，あなたの研究を推し進める新しいコンセプトを目にするかもしれません。優れたところに目を向けて，批判的思考によってその研究と向き合ってください。ある研究に意義を見出すには，優れた見識が必要です。メモを取るためにノートを持ち込むのは，悪いことではありません。特

に長時間に及ぶ学会では，いろいろなアイデアが思い浮かぶでしょうから，書きとめておかないと忘れそうになるからです。

◆ 大会参加費用 ◆

それでは，学会大会への参加費用はどれくらいでしょうか。主な費用は以下のとおりです。

【参加費】

学会大会に参加するには，参加登録を行い，参加費を支払わなければなりません。この参加費によって，大会を開催するための巨額の費用が賄われるのです。すなわち，会場の使用料，プログラムの印刷代，AV 機器のレンタル料，飲み物や軽食を用意する費用などです。参加費はおおむね，学生が最も安く，教員が最も高く設定されています。早い段階での参加登録を促すために，数カ月前までに事前登録した人には参加費が割り引かれます。

【旅費】

何はともあれ，大会の開催地にたどり着く必要があります。車で行ける距離なら，他の学生と相乗りして旅費を浮かせることができますし，車内で聴く音楽について同乗者と楽しく話すことができるでしょう。航空機を利用する場合は，早めに予約するように心がけてください。

【宿泊費】

大会は通常ホテルで開催されます。何泊かすると宿泊費は高額にのぼる可能性がありますが，学問を楽しむための夏合宿だと考えてみてください。一部屋に何人かで泊まって宿泊費を浮かせることが，昔からの節約方法になっています。機転の利く参加者は，大会会場のホテルから数ブロック先の比較的安いホテルを探します。いささか不便かもしれませんが，少し歩くだけで数百ドル（数万円）の節約になることもあります。

【その他】

断食中でもない限り，当然，食事代がかかります。食事に間食，会場で売られている専門書，さらには大会後の観光などにお金がかかることを想定しておいてください。

第8章　学会に参加する　*117*

　もしかしたら，大学が学会参加費の一部か全額を負担してくれるかもしれません。そうした補助金制度があるのか，指導教員に尋ねてみてください。学部や Psi Chi 支部が，学部生が学会に参加する際の旅費を補助してくれるかもしれません。学部での研究や学生表彰制度のためのオフィスなど，学内の違う部署も，補助を出してくれるかもしれません。しかし，お金を出し惜しみすべきではありません。学会参加は専門性への投資ですから，時間とお金を惜しみなくつぎ込んでください。

▌まとめ

　学会に参加することは，心理学の実際を目の当たりにするための絶好の機会です。授業や教科書から学ぶことは客観的で匿名性の高い営みですが，学会で学ぶことは，直接的で，対面に基づくパーソナルな営みなのです。同じ研究分野で友人を作り，専門家とつながることで，心理学という学問領域の途方もない影響力を目にすることでしょう。やがて，より大きなグローバルなスケールで，心理学的ライフスタイルを生きることになります。そして何より，学会はとても楽しいところで，それが多くの学会大会が毎年開催される理由なのです。もし大会の会場で，私たち筆者のうちの誰かや，尊敬すべき著者を見つけたら，是非とも一声おかけください。

第 **9** 章

ポスター発表する

　ポスター発表は，学生が学会で発表する際の最も一般的な手段です。ただし，学会で目にする発表用のポスターには，アイドルグループの写真も，フランス印象派の風景画も，マスコット・キャラクターのイラストも載っていません。その代わり，グラフや図表，文献，統計処理などが書かれていて，そばには，それが何についてのポスターであるかを説明する，身なりを整えた発表者が立っています。あなたがマスコット・キャラクターより棒グラフが好きな人だと見なして，ここではポスター発表のあり方と，来るべき至福の大学院時代について見ていくことにしましょう。

ポスター発表が楽しいわけ

　口頭での説明と活字の提示との両方を含むポスター発表は，研究を発表するための最も一般的な手段のひとつです。ポスター発表をするためには，1枚の大きなポスター用紙に，研究の背景，方法，結果の観点から要約する必要があります。発表するにはポスターを壁やパネルに貼り付けなければなりませんが，そのパネルは，だいたい縦4フィート（約122センチ），横6フィート（約183センチ）[†1]で，床からわずかに浮かせて立っています。それぞれのポスター発表は**ポスターセッション**と呼ばれる一群にまとめられ，ある一定の時間，たいていは45～90分ですが，その間，発表者はポスターを

---

†1　我が国の日本心理学会や日本心理臨床学会では，縦長のポスターが使われており，いずれにおいてもパネルのサイズは縦210cm，横90cmである（2019年現在）。

貼ってそのそばに立ち続けます。大会参加者はポスターの列の間を縫って歩き，興味ある内容のポスターの前で立ち止まります。ポスターセッションの会場はにぎやかに混雑していて，会話が飛び交っている場合があります。長時間に及びますので，歩きやすい靴を履くべきでしょう。

　比較的小規模な学会においてさえ，ポスターセッションでは20～60本の発表が並ぶことがあります。大規模な学会では，数百本ものポスターが発表されるモンスター・セッションになる可能性もあります。大勢の人が同時にポスター発表しますので，ポスターセッションは多くの人に研究発表の機会を提供できる効率的な方法なのです。

　ポスターセッションは，学部生の新人研究者が研究成果を発表するにはストレスの少ない方法です。学生という立場であれば，最初の学会発表はほぼ間違いなくポスター発表になるでしょう。ポスター発表を何度か経験して自信がつけば，改まった形での口頭発表を行う心構えが整うことでしょう。口頭発表とは異なり，ポスター発表は個人的で生き生きした双方向的なものですが，口頭発表に比べて発表として格下と見なされているわけではありません。あなたの研究について学びたいと思っている人たちとともに，一対一でやりとりする機会を与えてくれているのです。事実，私たちは今もポスター発表することがありますが，それは，知らない人と出会い，示唆に富むフィードバックをもらいたいからに他なりません。

■ ポスターを作る

　ポスターは，あなたの研究，すなわちあなたが何を行ったのか，なぜそれを行ったのか，そして何を見出したのかについてのスナップ写真のようなものであるべきです。ここでは，ポスターを作るうえでのヒントをいくつか紹介しましょう。表9−1は，私たちのアドバイスをカンニングペーパーのように要約したものです。中学2年生時の自由研究で学んだ古いタイプの作り方は，残念ながら今では役に立たないことをお伝えしなければなりません。蛍光塗料やスティックのりは使わないのです。色画用紙や切り絵，型版，波

表9-1　ポスター発表のためのカンペ

- まず初めに発表要綱を読む。
- ゴシック体のフォントを使って文字を大きく書く。
- タイトルを大きく書く。
- 所属を忘れずに書く。
- 学術論文からの引用を盛り込む（文献リストも含める，ただし要約ではない）。
- 可能なら図やグラフ，写真を使う。
- メールアドレスを載せる（大学か仕事用のアドレスのみ）。
- ポスター内容の主要なポイントとメールアドレスが書かれた配布資料を作る。
- 話し方の練習をする。
- ただそこに立っているだけではなく，見に来てくれた人と話す。

打つ縁飾りなどを使ってポスターを作ってはいけません。あなたは学生ではありますが素人ではないのです。スクラップブックのようなポスターで発表することは，重曹と酢を混ぜて火山の噴火実験をするようなものなのです。

◆　発表要綱には何と書いてあるか　◆

　まずは学会の発表要綱を読むことです。いつでもそうしてください。そうすれば時間とお金を節約できますし，困惑も減ります。たいていの学会では，36インチ×48インチ（つまり，縦36インチ〈約91センチ〉×横48インチ〈約122センチ〉）の大きさのポスターが使われます。しかし，学会によっては，24インチ（約61センチ）×36インチ（約91センチ）といった，もっと小さなサイズに制限されている場合もあります。縦長のポスター（たとえば，縦36インチ〈約91センチ〉×横24インチ〈約61センチ〉）が指定されている学会に参加したこともあります。しかし，発表要綱を読まなかったがゆえに，縦長のパネルに横長のポスターを不格好に貼る人などは滅多にいません。発表要綱には大きさと書式に加えて，ポスターが壁に貼られるか，パネルに貼られるか（パネルが最も一般的ですが），あるいは三つ折りのパネルに貼られるかなどが書かれているはずです。三つ折りのパネルは小規模の学会でよく見かけます。ポスターを貼るための押しピンやテープは学会側が提供するのが一般的ですが，百戦錬磨のベテランは，万一に備えて自分の押し

ピンを持参します。

◆ ポスターは大きな用紙1枚か，小さな用紙を貼り合わせるのか ◆

　ポスターは，24インチ×36インチや36インチ×48インチなど，1枚の大きな用紙に印刷することが可能です。あるいは，8.5インチ（約22センチ）×11インチ（約28センチ）の用紙を並べて貼り合わせて，1枚のポスターとして張り出すこともできます。ずいぶん前までは，小さい用紙を張り合わせる方法しかありませんでしたが，現在では好きな方法を選ぶことができます。とはいえ，大きな用紙1枚を張り出す方法が一般的になりつつあるため，手間暇かけて作るだけの値打ちがあります。大きい1枚のポスターは，PowerPoint で作ることができます。1枚のスライドを作って，それを36インチ×48インチといった決められたポスターのサイズに合わせてください。そのスライドにテキストボックスや図，グラフを盛り込めばいいのです。小さい用紙を貼り合わせる場合でも，PowerPoint を使って作ることができます。あなたが行ったことを書いたスライドを8〜12枚作ればいいのです。

　大きな1枚のポスターのほうが見栄えは良いのですが，マイナス面もあります。というのも，大きなポスターは値が張るのです。特にカラーの場合はそうです。ポスターを作り，高いお金を払って印刷したあとになって，取り返しのつかないミスを発見してしまうと，ひどくがっかりさせられます。またポスターを，ポスター収納チューブに入れて持ち運ばなければなりません。空港まで持っていき，機内やホテルに持ち込み，そして学会が終われば持って帰らなければなりません。機内への預け入れ荷物に高いお金がかかるこのご時世，ポスターを持ち運ぶことには，印刷する以上に費用がかかる場合もあります（たいていのポスターは機内に持ち込めるが）。その点，小さい用紙を張り合わせたポスターの場合，見栄えはそれほどでもありませんが自分で印刷できるし，ファイルホルダーに入れて持ち運ぶことができます。

　ほとんどの人がそうするはずですが，大きい用紙でポスター発表するほうを選ぶなら，どこで印刷できるかメンターに尋ねてみてください。多くの学部はポスター印刷機を所有していて，無料で印刷させてくれるはずです。も

しなければ，キャンパス内のコピーショップが学外の印刷業者より安い値段で印刷してくれるでしょう。また，ごく最近では，折り畳んでスーツケースにしまえる布製のポスターもあります。私たちはまだそれを試してみたことはありませんが，安い費用でできるようであれば，将来は布製のポスターが主流になっていくでしょう。

◆ 書体とレイアウト ◆

　ポスターは見栄えが良くなければいけません。まずカラー印刷しようとする場合，PowerPoint のスライド・テンプレートを利用できます。気に入ったものを選んでください。ただし，色やデザインが発表内容である文章や図を圧倒しないように，控えめなものを選ぶように心がけてください。色を使う場合，文章と背景とのコントラストに注意してください。暗色の背景には明るい文字を，明るい背景には暗色の文字を選びましょう。私たちは，青りんご色とワインレッドの組み合わせがとても良いのではないかと思っているのですが，色覚障害者への配慮から，赤と緑のコントラストはやはり避けるべきでしょう。

　次に視覚素材です。表や文章ではなく，可能な限り図やグラフで表現するようにしてください。2×2のデザインの平均値を示す表を作るかわりに，平均値とエラー・バーを示す棒グラフを作ってください。相関係数を文章で記述するかわりに，相関関係のマトリックスを作り，最も重要なものについての散布図を描いてください。研究協力者に絵や写真を見せたのであれば，その例をいくつかポスターに載せてください。独自の興味深い実験装置を使ったのであれば，その写真も載せてください。

　3つ目に，ゴシック体のフォントを使って文字を大きく書いてください。明朝体は新聞や本で使われる小さいサイズの活字には向いていますが，大きな活字で見せられると，ずんぐりした感じで野暮ったく見えます。ポスターでは20～300ポイントぐらいの大きな文字を使うでしょうから，ゴシック体を選ぶべきでしょう。表題は，15フィート（約4.5メートル）離れたところからでも見えやすく，本文は5フィート（約1.5メートル）離れたところか

らでも読めるようにすべきなので，フォントサイズをあまり小さくしてはいけません。

　メンターは，たいてい最近の学会で発表したポスターのサンプルを持っているはずなので，それを参考にしてください。初めてのポスター発表には，これらのサンプルをテンプレートとして利用すべきです。時間の節約になるとともに，重要なことを忘れる可能性が減るでしょう。

◆ 表題 ◆

　ポスターには簡潔で具体的な表題が必要です。よくある失敗は，専門用語を用いた長くて詳細な表題です。そのような表題は，何に関する研究であるかを正確に表してはいますが，それは表題の目的ではないのです。ポスターセッションの会場にやって来る人は，ポスターの列の前をゆっくり歩きながら表題を眺めて，心を惹きつけられたポスターの前で立ち止まるのです。ですから文字どおり，ひと目パッと見ただけで，発表内容の核心を突く表題が必要なのです。**〜の効果，〜の影響，〜と〜との相互関係**，といった冗漫なフレーズを切り捨てれば，表題を短くすることができます。**記憶，抑うつ，態度，子育て，学習，幸福**といったメジャーなキーワードを考え，それを適切な表題に組み入れてください。そして表題を大きく書いてください。表題はポスターの中で最も大きなサイズで書くべきです。

◆ 発表者名と所属 ◆

　表題の近くに発表者の名前を載せます。発表者の順番は，メンターや共同研究者と一緒に考えるべきものです。慣例では，ポスターの前に立つ人が第一発表者です。ポスターの前で75分間立ち続けられることが第一発表者であることの報酬ですが，これは厳密な規定ではありません（ポスターにおける発表者の順番は，やがて刊行されるはずの研究論文の著者の順番とは異なるのが普通である）。発表者の名前は大きく書くべきですが，表題ほど大きくてはいけません。名前のそばには発表者の所属先を書きます。学部生であれば所属先は大学です。他の共同研究者も同じ所属なら1回書くだけで結構で

す。装飾したければ，所属する大学のロゴマークを載せても良いでしょう。

◆ イントロダクション ◆

ポスター発表のイントロダクションは，研究論文のイントロダクションと
同様，研究発表のお膳立てをするものです。何についての研究なのか，どん
なテーマで何が問題で，これまでのどのような議論が研究を動機づけたの
か，仮説は何か，などです。ただしイントロダクションはあまり長過ぎては
いけません。くどい言い回しは呪文のようなものになってしまいます。です
から最も重要な要素だけに絞り込んでください。贅肉を削ぎ落としてシンプ
ルなものにするために，箇条書きのリストを用いる人もいます。

◆ 方法 ◆

仮説をどのように検証したかを書きます。あなたは何をしたのか，誰が研
究に参加したか，どのような構成概念を，どのように測定したのか，などで
す。方法は，ある程度は詳細に書かれるべきでしょう。ポスターを見に来る
人は，研究の土台になる部分に常に関心を持っているからです。

◆ 結果 ◆

何がわかりましたか。結果では主要な研究結果を記述してください。統計
処理の詳細を余すところなく盛り込む必要はありませんが，ポスターを見に
来た人に，仮説上の効果についての結果を示せる程度の内容である必要はあ
ります。研究結果を棒グラフや折れ線グラフで示すことができますか。散布
図で相関関係を表すことができましたか。たとえ簡潔な結果であっても，可
能な限りグラフや図を使ってください。ポスターの前に立ち止まっている人
は，2つの平均値が記述された本文よりも，その2本の棒グラフを見るで
しょう。標本に関する記述統計のような数字をたくさん報告したいとき，あ
るいは複雑な研究におけるすべての効果を報告したいときには，数字を表に
することができます。うまく作られた表から数字を読み取るほうが，本文か
ら読み取ることよりも簡単だからです。

第9章　ポスター発表する　*125*

◆ 考察 ◆

　考察では，その研究の重要な意義を述べてください。ただし簡潔に，です。主要な結論や知見を少し出すだけでいいのです。あとは見に来た人とディスカッションする準備を整えて，ポスターの前に臨んでください。

◆ 参考文献 ◆

　ポスター発表には多くの文献は必要ありません。ポスターで発表された研究内容は，研究論文のように刊行されることはありません。しかし，ポスターを見に来た人のなかには，引用した文献を知りたがる人もいるでしょうから，ポスター発表のなかで引用した文献は，すべて載せてください。もしスペースに余裕がないときは，小さいサイズで載せてもかまいません。ある文献を載せなかったとしても，その領域における最新の研究動向には通じておく必要があります。そうすることで，文献に載せなかった研究を行った人が万が一あなたのポスターを見に来た際，その人に話しかけやすくなるでしょう。

◆ 配布資料 ◆

　ポスターが出来上がったら，次は配布資料を作る必要があります。誰しも，もらえるものはもらって帰りたいと思うものです。大きな紙でポスターを作っているなら，配布資料を作る最も簡単な方法は，ポスター全体を普通のサイズの紙に印刷することです。もし適度な大きさの文字でポスターを作っていれば，配布資料は読みやすいものになるでしょう。小さい用紙を並べて張り合わせたポスターを作ったのなら，何枚かのスライドを，向きを揃えて1枚の紙に印刷しなければなりません。配布資料を受け取った人は空き時間に目を通すでしょうから，明確で読みやすいものになるよう心がけてください。大会会場へは20部ほどの配布資料を持って行ってください。ポスターの前で立ち止まって話しかけてくる人はたいてい，配布資料を欲しがりますから，トイレなどに行くために持ち場を離れる際には，ポスターパネル

に配布資料をピン止めしておけば良いでしょう。その他の方法としては，そのポスターにアクセスできるウェブリンクを知らせたり，見に来てくれた人にメールアドレスを教えてもらって，学会が終わってから一斉送信したりすることもできます。

ポスター発表の実際

　ポスター発表のポイントは人と話すことです。見に来た人をただそこに立たせて，ポスターを読ませるだけではいけません。ポスター発表におけるこのパラドックスを深く考えてみる必要があります。つまり，どんなに読みやすいポスターを作ったとしても，それを人に読ませてはいけないのです。誰かがポスターの前で立ち止まったら，読ませるのではなく，その人を対話に誘い込んでください。たとえば，「私たちの研究についてお聞きになりたいですか」とか「こんにちは。詳しくご説明しましょうか」などと声をかけるのです。「いいえ，結構です。あなたが30秒で記述できた内容を，私は5分間かけて読みながら，あなたと同様，ぎこちなくここに立っていたいだけなのです」などとは，誰も言わないでしょう。むしろ来た人は，「是非とも。どんなことをなさったのですか」と答えるでしょう。

　なぜ人と話しなさいと言っているのか，不思議に思うかもしれませんが，結局のところポスター発表の目的は，あなたの研究について相手と対話することに尽きるからです。しかしながら，初めて学会に参加すると，発表者が自分のポスターのそばに静かに立っていて，見に来た人も黙ってそれを読んでいるという光景も目にすることでしょう。これではいけません。発表者も見に来た人も，どちらも恥ずかしがりの人だった場合には，ぎこちない時間が流れることもあるでしょう。しかしながら，「私たちの研究について何をお聞きになりたいですか」と言わないまま，ただ体をこわばらせて立ち続けることのほうが，もっと苦痛なことです。人が熱心に読んでいるとき「何をお知りになりたいですか」などと無作法に声をかけたら，読むのを邪魔することになると考える人もいます。それとは反対に，ポスターを読むよりもあ

なたと話したいと思っている人もいることでしょう。

　いったん会話が始まれば，秘密兵器を取り出してください。自分を売り込むセールス・トークです。具体的には，自分の発表内容の概観を述べる方法を2通り心得ておくのです。ひとつは簡潔で心地良いものです。研究の要点を，3つの文章で15秒以内にまとめることができますか。ポスターを見に来た人が時間に追われているようであれば，的を射た簡潔な説明を早速始めてください。2つ目は長めで，研究内容の主要な要素をまとめたものです。この場合は1分程度です。この長めのセールス・トークを身につけるには，発表内容のそれぞれの部分から少しずつ情報を盛り込んでください。つまり，「自分はどんなことをしたのか，その動機は何か，そして何がわかったのか」と自問自答してみるのです。セールス・トークを展開している間，グラフや図を指し示すこともできます。あなたの説明を遮って話し出す人もいるかもしれませんが，それでもいいのです。このセールス・トークのポイントは，会話を促進することだからです。

　発表内容について質問する人もいるでしょうが，それは，あなたを困らせたり，非難したり，敵対したりするためではありません。ケンカを売ることを目的に，ポスターセッションの会場を徘徊している不届き者などいるわけがありません。第8章で指摘したとおり，学会における行動規範の目的は，行儀良い振舞いを促すことにあります。多くを考えさせられる質問に出くわすこともありますが，そうした質問に対しても何がしかのことを答えるべきでしょう。「他に何ができそうですか」「次はどんなことを計画中ですか」といった質問を期待しましょう。それらは良い質問ですから，そういった質問に備えてください。「それで，大学院進学を考えているのですか」とか，「大学院では，こういう研究をさらに推し進めようと考えているのですか」と聞かれるかもしれませんが，これも良い質問です。というのも，それらはあなた自身，あるいはあなたの専門領域についての質問だからです。しっかりとした（そして正直な）答えを用意しておくべきです。ポスターの前での会話が，ポスター発表の内容から個人的な交流の話題にシフトすることもあるかもしれません。これも素晴らしいことです。同じ領域の人とつながり，友だ

ちを作るために，学会に参加したわけですから。

他の人のポスター発表を見に行く

　ポスター発表の最中に何度かのデッド・スポット，すなわち，あなたのポスターのところに誰もやってこない時間帯を経験することでしょう。そうしたことが何度かあるのは良いことです。ひと息ついて，リラックスする時間も必要だからです。訪問者のいない凪の時間帯は人の研究を見に行き，それについて対話するための機会でもあります。ポスターのところに誰も来なければ，隣のポスター発表者とおしゃべりする自由時間としてください。一人でぼんやりと突っ立っているよりは，話したほうが楽しいでしょう。もしあなたが恥ずかしがりなら，「何についてのご研究なのですか」とひと言，発表内容について尋ねてみるだけでも良いのです（自分のセールス・トークと相手のセールス・トークをこっそり比べてみて，ちょっとしたヒントをつかむこともできる）。その人の大学について尋ねても良いですし，大学院では何をしたいのか，学会ではどんな発表を聞いたのかなどを尋ねてみてください。話すべきことがたくさんあることに気づくでしょう。

まとめ

　ポスターセッションは，研究を発表するうえでの，れっきとした手段です。誰もがいつかはポスター発表するべきです。あなたの研究について語り合い，同じ分野に興味を持っている人に会うための，堅苦しくない方法だからです。ポスター発表は，ロケット工学のように高度な知識や技術を必要とする至難の業ではありません。初めてのポスター発表であっても立派に成し遂げることができるので，初心者だからといって物怖じする必要はありません。時間を費やしてポスターを作り，メンターからフィードバックをもらい，そしてセールス・トークを練習するのです。そうした実践を積み重ねることによって，他の学生に対して，あなたのポスター発表の腕前はすごいと

思わせることになるでしょう。

　専門的なスキルを身につけるには，教室の外で学ぶ必要があります。ポスター発表することから得られるスキルは，教室で学べるスキルをはるかに凌駕するものです。遠くの都市に出かけていき，研究計画について見ず知らずの人に情報を提供したことになります。その見ず知らずの人とは，大学教員だったり大学院生だったりするわけですから，学生から専門家への移行は，ポスター発表することでほぼ完了したと言えるでしょう。

第10章 口頭発表する

　たいていの人は，人前で話すことを避けようとします。人前で話すことを楽しめるのは，外向的な人だけです。私たちのほとんどは，人前で話す順番がだんだん近づいてくると，迫り来る恐怖感におののきます。しかしながら，それをうまくやってのけることを学ばなければなりません。大学院に進学すれば，授業で発表したり学会発表したり，学部の授業で教えたりすることになるからです。大学卒業後に就職するとしても，あなたが望むたいていの職業では，何らかのかたちで人前で話すことが求められるものです。そうであるなら，仕事をしながらその恐怖を克服するよりも，今，人前で話すスキルを身につけるほうがいいでしょう。

　学部生が卒業前に学会で口頭発表するのは稀ですが，前例がないわけではありません。ゆくゆくは人前で話さなければならないのですから，学生時代に研究発表することが，そこにたどり着く早道になります。最初の研究発表はおそらく，研究計画法の授業や研究室で発表するといった，親しい仲間に向けて発信されるものでしょう。その後，学部生の研究活動を促進するオフィスが企画したリサーチ・デーなどの学内イベントや，研究室の集まりで発表することになるかもしれません。次の段階が学会でのポスター発表です。実際の専門的な学会における最初の発表形式は，口頭発表というよりは，ほぼ間違いなくポスター発表のはずです。ポスター発表を何度か経験することで，口頭発表の準備が整いつつあると感じることでしょう。

　人前で話すことは，心理学の研究において大きな部分を占めます。自分の研究について人に聞いてもらいたければ，言うまでもなく，それについて人に向かって話す必要があります。心理学の学会には，何種類かの似通った口

頭発表の形式（Feldman & Silvia, 2010）があるので，しっかり準備して練習した人であれば誰しも，何らかのかたちで良い発表を行うことができるのです。そこで本章では，初めての口頭発表のために，その準備，発表原稿の執筆，練習方法，そして実際の発表のポイントについてお教えします。

15分間の学会発表

　心理学の学会における口頭発表は，たいてい同じような形式に従って行われます。標準的な口頭発表では，15分で自分の研究内容を発表することになります。12分で発表し，残りの3分をフロアとの質疑応答にあてるのが理想的です。12分は長いと感じるかもしれませんが，あなたが想像するよりも実際はもっと短く感じられると断言できます。15分の口頭発表は，関連のあるテーマに基づいて，ひとつのセッションとしてグループ分けされています。たとえば，「社会性の発達に関する新しい研究動向」と題された90分のセッションには，そうした内容の15分間の口頭発表が6本並ぶことになります。口頭発表が連続して次々に行われますので，時間をオーバーするとまずいことになります。というのも，誰かが持ち時間をオーバーして話し続けると，その後の発表者は，セッション全体を時間どおりに終わらせるために，自分の持ち時間を削られてしまうからです。したがって時間を長引かせることは，学会においてはたいへん迷惑なことなのです。

　あえて重要なポイントを強調しておきましょう。くどいようですが時間を超過してはいけません。決められた時間どおりの口頭発表に対しては，誰も決して批判の目を向けることはありません。持ち時間が15分であれば，15分以上の時間を費やしてはいけないのです。たまに延々としゃべり続ける発表者を見かけることがあるかもしれませんが，それはいただけません。聞いている人は息つく暇がなく，司会者はいらいらし始め，その後の発表者たちは，しゃべり過ぎる人のおかげで自分の時間が削られることに腹を立てます。何はなくとも，15分以内という持ち時間を厳守してください。実感を込めて繰り返します。時間を守ること。

それぞれのセッションには司会者がいて，発表者を紹介したりスライドの
セッティングを手伝ったり，AV機器の作動確認をしたり，時間管理を行っ
たりしています。発表者は早めに会場入りし，事前にスライドをコンピュー
ターにセットします。個々の発表者は，プログラムの順番に従って自分の研
究を発表します。司会者は前方に座って時間管理を行います。たいていの司
会者は，たとえば「残り時間5分」とか，「終了2分前」「終了」などと書か
れたボードを出して発表者に伝えます。質疑応答のための時間が残っていれ
ば，司会者は2〜3の質問を受け付け，そして次の発表者を紹介します。
セッション全体が終了したあと，何人かの人があなたの発表について質問に
来るかもしれません。

■ 発表原稿を書く

この節では，口頭発表する際の上手な発表原稿の書き方を紹介します。私
たちのやり方が唯一絶対というわけではありませんが，この方法に従えば，
あなたの初めての口頭発表が，心理学の学会における口頭発表の作法と基準
を満たすであろうことは間違いありません。

◆ いくつかの基本事項 ◆

学生のなかには，人と同じことはしたくないという，ただそれだけの理由
から，通常のソフトウエアを使わなかったり，ネット上のどこかから拾って
きた奇怪なプログラムを使ったりする人がいます。Microsoft の PowerPoint
よりも，どこかの無料スラドショー・ソフトウエアのほうが好きだとすれ
ば，それはそれで良いでしょう。しかしながら，あなたの口頭発表は，ほぼ
間違いなく学会が用意した Windows のノートパソコンを使って行われるは
ずです。そのノートパソコンには PowerPoint がインストールされており，
おそらくはそれ以外のスライドショーソフトはないでしょうから，あなたの
スライドも PowerPoint を使って作らなければならないのです。同じ理由か
ら，たいていのコンピューターに搭載されている Windows のゴシック体の

フォントを使って書く必要があります。

◆ スライドのデザイン ◆

　第 9 章で述べたポスターの作り方についてのアドバイスを読んだ人なら，私たちが何を言おうとしているかおわかりでしょう。すなわち，シンプルなスライドを作るということです。スライドには，1 枚だけで事足りるほどのたくさんの情報を載せる必要はありません。スライドは人に読んでもらう原稿ではないのです。そうではなく，聞いている人が，あなたの言わんとしていることを理解するのを助けるものです。つまりスライドは口頭発表の補助的手段であって，その逆ではありません。あなた自身が主役なのです。わずかな枚数の余白部分の広いスライドのほうが，情報がぎっしり詰まった読みづらいスライドよりも良いのです。普通の文章よりも，箇条書きされたリストのほうが良いです。長々とした文章は良くありません。文字がたくさんあり過ぎると，聞きに来ている人は，あなたの発表を聞くよりもそれを読むことに忙しくなってしまうからです。覚え書きが必要であれば，発表者にしか見えない，PowerPoint の発表者ツールを使うことで確認できます。発表中にその覚え書きに言及すればいいのであって，それを原稿のように読み上げるべきではありません。

　PowerPoint のたいていのデザイン・テンプレートは，研究発表にふさわしいものでしょう。しかし，伝統的なスタイルを守ることも大切です。すなわち白い背景に黒い文字を使うのです。白と黒の組み合わせは間違いありません。シンプルでコントラストがはっきりしており，読みやすいからです。ポスターと同様，ゴシック体を大きなサイズで使うべきです。会場の後方に座っている人でも，スライド上の最も小さい文字が見えるくらいでなければなりません。複雑なアニメーション機能や，びっくりさせるような画面切り替え機能の誘惑に負けてはいけません。それらは自分の部屋であれこれいじり回して，ひとりで楽しむのには良いかもしれませんが，学会では馬鹿げて見えます。シンプルなアニメーションと画面切り替え，そして飾り気のない標準文字に徹してください。音声や動画の挿入は口頭発表にスパイスを加え

る楽しい方法に思えますが，得てして失敗するものです。私たちの経験では，動画を挿入しても途中で再生されなくなって，発表者をうろたえさせフロアの人をいらつかせてしまいます。音声や動画が発表に不可欠なものでない限り，リスクを冒さないほうが良いでしょう。

　メンターや指導教員，あるいは研究室の仲間から，最近の学会発表で用いたスライドの見本をもらうこともできます。最初の何回かの発表では，それをお手本にすることが無難でしょう。奇抜なものを選ばなければ，スライドの枚数や色調は聞いている人を満足させるでしょう。

◆ 最初のスライド ◆

　最初のスライドは，司会者が発表者であるあなたを紹介している間，スクリーン上に映し出されています。最初のスライドには，発表の表題，発表者名，所属先，学会名，発表者の連絡先などを載せます。1枚目のスライドで失敗することはまずないので，あまり思い悩む必要はありません。発表の冒頭で，あなたの名前や表題を述べれば良いのです。たとえば，「こんにちは。ポール・シルビアです。今日は，創造的認知における性格特性の役割について発表いたします」と。ではイントロダクションに移りましょう。

◆ イントロダクション ◆

　論文のイントロダクションと同様，口頭発表のイントロダクションでも，研究の背景を述べなければなりません。何についての研究か，聞いているフロアの人が発表内容を理解するのに必要なバックグラウンドは何か，についてです。簡潔なイントロダクションを作り上げるのは思ったよりも難しいものですが，焦点を絞った短いイントロダクションを心がけるべきです。2〜5枚のスライドがおおむね妥当でしょう。ややもすると，初心者はバックグラウンドの素材をなかなか削れずに苦労するかもしれませんが，聞きに来た人がもっと詳細を知りたいと思えば，後で質問することができるということを忘れないでください。発表を聞きに来ているフロアの人たちは，モチベーションの高い専門家集団，すなわち，自分の自由な時間を心理学の学会で過

ごすことに決めた人たちであると考えていいのです。

　イントロダクションは，奇をてらったものや利口ぶったものである必要はありません。洗練された経験豊富な発表者なら，なぜそのテーマに興味を持つようになったかを明らかにしたり，研究対象である現象の一例を示したりする，ちょっとした個人的なエピソードから始めることがあります。そうした巧みな始め方は「人を惹きつける仕掛け（"hook"）」を使う，などと言われますが，あなたの大好きな先生が，何年にもわたってそうしたやり方で講義を始めているのを見たことがあるかもしれません。たとえば，職業指導のためのアドバイスの影響力について研究しているとすれば，自分の助言者からもらったアドバイスの重要な断片についての短いストーリーをフロアの人に共有してもらうことで，そのテーマがいかに重要であるかを示すことができるでしょう。そうすることで，あなたの生身の人間としてのおもしろさを醸し出すことができますし，聞きに来た人は直ちにあなたの研究結果に没頭できるでしょう。ただし，そうしたことを試みようとする場合には，手短でテーマに直結した，あまり露骨でないものにしてください。つまらない冗談を言ったり個人的なことをしゃべり過ぎたりすることは，多少退屈であることよりもはるかに無様なものです。少しでも心配なようであれば，そんな仕掛けは使わずに，もっと大切なことのために時間を費やすべきです。

◆　方法　◆

　方法のところでは，研究協力者と研究デザインについて述べます。方法全体を基本的な要素にまで解体してください。2〜5枚のスライドが一般的です。誰が研究に協力したのか，従属変数と独立変数は何か，何をどのように測定したのか，どんな手続きだったのか，などについてです。聞きに来ている人は，特に研究の土台の部分に関心を持っています。なぜなら，そうした人たちは，おそらく自分でも似たような研究を行っているからです。もし可能なら視覚的素材に訴えてみてください。あなたの研究が興味深い素材や装置，あるいは課題を用いたものであるなら，その写真やフローチャート，行程表，その他視覚的な手がかりを駆使してください。そうすることで，あな

たの口頭発表がもっと具体的で，おもしろいものになるはずです。

◆ 結果 ◆

　結果を表すスライドには，最も重要な発見を盛り込んでください。発表原稿中のさほどおもしろくない分析は，スライドにしなくてもかまいません。発表に慣れている人のなかには，メインではない追加の分析を2～3枚のスライドにまとめて，スライドショーの最後に忍ばせている人がしばしばいますが，それは万が一，誰かが質問した際に見せるためのものです。

　発表を聞きに来ている人は，あなたが何を見出したかを知りたがっているので，結果に関してはゆっくりと時間をかけてください。ポスター発表の場合と同様，自分の発見を視覚的に提示したいはずですから，可能なら視覚的な表現手段を用いてください。たとえば，数字で表す平均値よりも箱ひげ図や棒グラフを，表よりは折れ線グラフや棒グラフを，数字で表す相関や回帰よりも散布図や経路モデルなどを用いてください。それらの結果を視覚的に提示できれば，聞きに来ている人はあなたの研究結果を瞬時に理解することができるでしょう。図を使って発表する場合は，その中身について詳しく説明してください。たとえば，Y軸が何を表しX軸が何を表し，そして結果から何を読み取るべきなのかといったことについて，聞いている人の注意をグラフに向けさせると，しっかり理解してもらえます。結果を示すのに必要な枚数のスライドを用意してください。わずかなスライドに内容がたくさん詰まったものより，ひとつの図に1枚のスライドというように，たくさんのスライドを使ってください。

　発表に盛り込むことに決めた個々の統計処理については，あなたの仮説と関連した問いを立てることから話し始めてください。論文を書くときとまったく同様で（第6章参照），何の前触れもなく相関関係を表す大きな表に突き進むことだけはやめてください。つまり，そうした統計処理が何を求めているものなのかを伝えるのです。たとえば，「これが相関係数を表すマトリックスで，ご覧のとおり有意なものがいくつかあります」ではなく，「神経症的傾向，誠実性，そして外向性は，人前で話すときの不安と関係があっ

第10章　口頭発表する　*137*

たでしょうか。実際のところマトリックスが示すとおり，相関関係がありました」と説明するのです。絶えず，あなたが立てた問いにあなた自身が答えるのです。グラフのなかで最も注目してほしい数値や部分を目立たせたり，丸で囲んだり，あるいは印をつけたりしてもかまいません。

◆　考察　◆

　終わりに近づきつつあります。考察のところにやってきました。やはり考察も簡潔でなければなりません。1枚か2枚のスライドでまとめられたら完璧でしょう。聞いている人は，あなたが何を行ったか，なぜそれを行ったかについてはすでにわかっていますので，7分前に言ったことを要約する必要はありません。その代わり，主な発見，主な結論，あるいはそれが意味するところを強調してください。口頭発表には引用文献のセクションはありませんので，引用文献を紹介するスライドを作る必要はありません[1]。それを知りたい人がいれば，発表の後であなたに尋ねてくるでしょう。

◆　謝辞と質問　◆

　考察のスライドの後には，たいてい，協力者への謝辞と質問を歓迎する旨のスライドが来ます。自分一人の力で研究計画を遂行することはできなかったはずですので，最後のスライドでは，助言者や研究に協力してくれた仲間への感謝を述べます。時々，研究室の写真を載せる人もいますが，それはあなた次第で，どうしても必要というわけではありません。最後のスライドは，研究発表はここまでで，次は質疑応答の時間になったことを伝えるサインです。この最後のスライドを忘れると，次にクリックしたとき，PowerPoint のスライドショーが最後のスライドの後に見せる，あの評判の悪い「ブラック・スクリーン」になってしまいます。もし照明が落とされていたなら，会場は真っ暗闇と化してしまいます。ですからクリックして最後

---

†1　日本の学会発表では，引用文献リストのスライドがある場合がほとんどのようである。スライドそのものが配布資料として配られるとすれば，そのほうが親切であろう。

のスライドになったら，何か簡単でていねいなこと，たとえば協力者に感謝するとともに質問を歓迎する旨を述べて，発表を終わらせてください。聞いている人は拍手し，そして質問するでしょう。

　いらいらさせられるような質問によって吊し上げられることはありませんので，心配しないでください。学会での質疑応答は反対尋問や政治討論などではありません。最もよくある質問は方法と結果の詳細に関するものですが，この2つは，その会場にいる誰よりもあなたが最も詳しく知っているはずですから，ていねいかつ簡潔に答えてください。司会者が次の人の発表時間が来たことをジェスチャーで告げれば，着席してホッと胸を撫で下ろし，今晩は何を食べようかと考えることができるようになります。

■ ブラスト・トーク（Blast Talks）

　15分の発表は最も一般的な口頭発表ですが，**ブラスト・トーク**もあります。ブラスト・トークは2つの問題に対する解決策です。学会は，発表したいと思っているすべての人に十分な時間帯を組むことができませんし，発表を聞いている人たちも当初の集中力がずっと続くわけではありません。そのため学会主催者側は，1つのセッションで15分の時間を与えるかわりに，発表者各自に5～7分の時間を与えます。そうすることで，学会は2～3倍の数の発表者を引き受け，聴衆は同じ時間帯に広範囲にわたる研究を聞くことができます。

　ブラスト・トークは，通常の長い時間の口頭発表と本質的には同じです。構造は同じですが，すべては滑らかで，かっちりとした，簡潔なものでなければなりません。いろいろな意味で，ブラスト・トークはやりやすいものです。発表時間はほんのわずかですので，あらゆることをカバーしなければならないというプレッシャーは皆無です。聴衆は，あなたが詳細を割愛しなければならないことがわかっているので，自分の研究で最も重要なメッセージに焦点を絞ることができるのです。

まだ緊張していますか？

　大勢の同期生や大学院生，そして教員に向けて自分の研究を発表する際，学生がどうしても緊張してしまうのは自然なことです。どうすれば不安に対処できるでしょうか。おそらくあなたは，大学でコミュニケーションに関する授業を履修しなければならなかったはずですが，そのような授業で，人前で効果的に話すことがテーマになったことがあったでしょう。ポジティブな可視化とか，意味のある心のつぶやきといったような，不安に対処する方法のほとんどが役に立ちます。しかしながら，最も効果的なのは**エクスポージャー**です。人前で話すことが苦手なら，その治療法は人前で話すことに他なりません。ここ何十年かの間に進歩した行動療法は，それを証明しています。そのうち緊張しなくなりますし，ついには人前で話すことを楽しめるようにもなるでしょう。

　では，どうすれば人前で話すエクスポージャーを体験できるのでしょうか。最も有効な手立ては，人が聞いている前で学会発表の練習をすることです。まずは，動物のぬいぐるみの前で話すことから始めましょう。微動だにしないぬいぐるみの，生気の乏しい目でじっと見つめられることに耐えられたなら，今度は友だちの前で練習してください。友だちやルームメイト，身内の人などに発表を聞いてもらうのです。発表内容に関してはほとんど何もコメントしてくれないかもしれませんが，それでも良いのです。その人たちがそこにいて聞いているのは，あなたのエクスポージャーのためであって，あなたの統計処理をめぐって厳しく追及するためではないからです。次は，研究室で活動している他の学生やメンターの前で練習してください。練習すれば自信がつきます。エクスポージャーによって落ち着いてくるのです。

　人前で発表の練習をすれば，あなたのスライドや話し方についてのフィードバックが得られます。スライドは情報の詰め込み過ぎになっていませんか，早口で話していませんか。発表の練習をするときは，必ず自分で時間を計ってください[†2]。実際に学会で発表するときには，フロアにいる友だち

に時間の目安を示してもらうことができます。10分経過した時点で「残りあと5分」，13分の時点では「残りあと2分」，そして15分経過したら「そこまで。お疲れさまでした！」などと書かれたサインを出してもらうように頼むのです。

　人前で話すことに関する研究の第一人者は，自分自身をビデオカメラで撮影することを推奨しています。聞いてくれる友だちに，発表するあなたの姿を撮影してもらうのです。恥ずかしいでしょうが，覚悟を決めてそれを見てください。しばしば驚かされるものです。自分自身を撮影すると，体重を移動させたり上の方を眺めていたり，スクリーンにばかり目を向けたりといった，変な癖やちょっとした失敗がよくわかるからです。しかし，自分自身を撮影することの最大のメリットは，自分で思っているほどには緊張しているようには見えないということがわかることです。その事実にあなたは驚くでしょう。たいていの人は，たとえ緊張していても比較的冷静に見えるものです。不安なときというのは，折り目正しく堂々としているように見えるもので，震えたり言葉に詰まったりはしないのです。私たちの言うことを信用してください。人前で話すことの不安に関する研究では，人は，自分がいかに不安げに見えるかについて，大袈裟に見積もることが明らかになっているのです（Rapee & Lim, 1992）。

　繰り返しますが，不安を軽減させる最善の方法は，人が見ている前で発表の練習をすることです。あなたが耳にするその他の方法も害はないはずですが，しかし，舞台稽古に勝るものはありません。友だちや研究仲間の前で発表することを考えただけで不安になってしまうのなら，見知らぬ人であふれ返った大きな会場で，あなたがどんな気持ちになるかを想像してみることです。とにかく練習あるのみです。ちょっとしたヒントとして私たちが示唆できることは，発表内容を暗記しようとしないことです。ただし，発表内容の最初の2文を暗記することは悪くありません。記憶というものは，特に緊張

---

†2　かつて訳者が指導した大学院生は，発表の練習をICレコーダーズに録音して，間や抑揚をチェックしたとのことだった。

しているときにはあてにならないものです。メモ書きしておくか，スライドを覚え書きとして活用してください。発表中は自分が緊張していることに触れてはいけません。しっかりと壇上に立ち，全力を尽くしてください。発表が終われば着席し，達成感を味わってください。

　発表を聞きに来ている人たちは，あなたが思っているほどあなたに敵意を抱いている怖ろしい相手ではありませんし，ことさらあなたに注意を傾けているわけでもありません。それを心得ておくことは役に立ちます。大人になって初めて悟る人生の悲しむべき真実のひとつは，人は，私たちが思うほど私たちに注意を払ってはいないということです。確かに目の前に座って発表を聞いてはいますが，全神経をあなたの発表に集中させているわけではないのです。では，学会で初めて発表する際に，聞いている人は何を考えているのか見てみましょう。

- う〜ん，なかなか良い発表だったなぁ。
- あの人は学部生かな？　私が学部生のときに発表しなくちゃならなかったら，チビッていただろうな。
- さっきの発表よりまじめそうで良かった。さっきのヤツのくだらないジョークにはムカついたぜ。
- コーヒーはどこで飲めるかな？　この近くにあるのかな？
- あの大学院生はよく頑張っているなぁ。

　最後のコメントには，ひと言注釈が必要です。学部生だと名乗り出ない限り，多くの人はあなたを大学院生だと思っているであろうということです。そうした誤解を解く必要があるでしょうか。

　発表が終わったあとは，自分にとって何か良いことをしましょう。もう二度と発表したくないという気持ちになっているかもしれません。それが不安な気持ちのひとつの終着点なのですが，また発表したいという気持ちのほうになれば，もっと楽しいはずです。別の学会で再び一から始めてください。エクスポージャーは人前で話す不安に対する唯一の治療法ですから，恐怖を

取り除くには何度か発表することが必要になります。学会発表は、人生の他のすべてのことがそうであるように、練習と経験によってたやすくなっていくのです。

口頭発表の実際

　発表前日までに発表する会場を下見しておいてください。自分が発表する会場がどこで、どんなところかを事前に知っておけば、少しは安心できるでしょう。発表当日は遅くとも15分前には会場入りして、スライド・ファイルをパソコンにロードしてください。これで完璧ですから、自分の発表に備えてリラックスするために、直前のセッションは聞かなくてもかまいません。あなたは慎重ですから、スライド・ファイルをいろいろな場所に保存したはずです。たとえば、USBメモリーやネット上のどこか（電子メールアカウントやクラウドなど）、あるいは友だちのUSBなどです。スライド・ファイルを開いてみて、すべて大丈夫か確認してください。そして司会者や他の発表者に挨拶し、言葉を交わしてください。発表の順番が来たら堂々と登壇し、努力の成果を存分に発揮してください。あれだけ練習したのですから、あなたはもはや人前で話す完璧なマシーンのようなものです。

　たいていの人は、キーボードを押すかマウスをクリックすることで、スライドショーを先に進めます。そのやり方で特に問題はありません。そうした古典的なやり方を批判するつもりは毛頭ないのですが、実際には自分専用のクリッカーを持つべきでしょう。正確には、**ワイヤレスプレゼンター**とか**プレゼンテーション・リモート**などと呼ばれる、スライドを遠隔操作できる機器です。パソコンのUSBポートに小さなデバイスを差し込み、小さなリモコンを手に持ちます。リモコンでスライドを進めたり戻したりできるうえ、たいていは便利なレーザーポインターもついています。クリッカーを使えば、パソコンから離れて自然に振舞うことができますし、レーザーポインターでスライドを指し示すこともできます。ただし、あくまでも自分専用のものだけを使うべきで、他人のクリッカーを借りることは良くありません。

第10章　口頭発表する　*143*

それぞれの機種によって異なる装置や機能のボタンがついているからです。見ず知らずの人を相手に複雑な発表をしている最中に，新しいデバイスや凝った作りの慣れないボタンで失敗したくはないでしょう。

　再び口頭発表の話に戻りますが，自然な話し方を目指してください。発表内容に関しては徹底的に頭に叩き込んでおくべきですが，一字一句を暗記すべきという意味ではありません。ほんの少しだけざっくばらんな，形式ばらないやり方が最もうまくいきます。発表内容を丸暗記したりスライドに書いたことをただ棒読みしたりすれば，発表が堅苦しく，こわばったものになってしまうでしょう。

　最後の注意です。一般的に，他の人の口頭発表と一緒に組まれているセッションにおいては，他の人の発表の間もその場にとどまり続けることが礼儀に適った標準的な作法です。他の発表者も普通，セッション終了まで残っていますので，ネットワークを築く良いチャンスになります。何らかの理由でとどまり続けることができない場合には，セッションの前に他の発表者に中座する旨を伝え，謝る必要があります。セッションが終わった後，似たようなテーマの研究をしている人が近づいてきて，発表の最中にははっきりとは思い浮かばなかったものの，後からやはり重要だと思えることが閃いて，それについて話しかけてくれるかもしれません。

▌まとめ

　多くの人は，人前で話すということが，生まれながらにして得意な人とそうでない人がいる，といった類のものであると考えています。そのとおりだとすれば，たいていの人にとっては不得意なことです。あなたはこれから先の研究生活のために発表するのですから，今こそ，その方法を学ぶときなのです。他のすべてのことと同様に，人前で話すための専門的なノウハウは練習によって得られるものです。ある程度のガイドラインを身につけたうえで，練習してフィードバックをもらえれば，上手な発表者になれるでしょう。人前で話すことが大好きにはならないとしても，うまくやれるようには

なるでしょう。

　発表し，質問を受け，何かを尋ねるためにどこかの教授が手を挙げるのを目にするにつけ，自分がもはや学生ではないという気持ちになるはずです。一度でも学会で口頭発表を行えるようになれば，私たちには，もはや教えられることはありません。昔のカンフー映画のように，今や教え子が熟練者になったのです。よく頑張りましたね。

第|11|章

業績調書を書く

　書類上で好印象を持たれたいですか。人間とは複雑かつ深遠なものです
が，好むと好まざるとにかかわらず，膨大な数の出願書から候補者を絞り込
むための最初のステップとしては，専門性に関する自己 PR，すなわち簡潔
にまとめられた業績調書[†1]，あるいは推薦状が用いられます。書類上で好
印象を与えられなければ，入学者選考委員会は，生身のあなたを面接に呼ぼ
うとはしないでしょう。本章では，業績調書の書き方を説明します。これま
で何をしてきたのか，そして何ができるのかを示したいときには，業績調
書，すなわちあなたが受けてきた教育とこれまでの業績を要約した，学問的
な来歴を表すいわばスナップ写真（Landrum, 2005）のようなものを送ること
になります。業績調書はしばしばあなたの第一印象を左右するものですか
ら，見映えの良いものを作らなければならないのです。

▍業績調書を作り上げる

　業績調書すなわち CV とは curriculum vitae の略で，「その人の人生の来
歴」という意味です。そのままでは長くて言いにくいので，ほとんどの人は
それを CV あるいは vitas と呼びます（vitas と vitae のどちらが正確だろう
かと迷う場合は，vitas のほうを使って大学教員を目指すべきである。
Garner, 2009, p.846）。業績調書については詳しく聞いたことがなかったとし

---

†1　「履歴書」や「職務経歴書」などの訳が一般的であろうが，我が国の大学における
　　慣例にならって，「業績調書」とした。ただし，我が国の学部生が業績調書を書くこ
　　とはあまり一般的ではない。

ても，履歴書（resume）なら書いたことがあるでしょう。履歴書は通常，
1枚だけの簡潔なもので，応募しようとしている職業に関連したこれまでの
学歴，スキル，経験などに的を絞ったものです。就職活動をしている人は，
職種に応じて3〜4種類の異なるパターンの履歴書を用意しているかもしれ
ません。

　一方の業績調書（CV）は，多くの点で学術的な側面に限定した履歴書の
ようなものです。通常の履歴書とは異なり，ページ数の制限はありません。
大学教員は自身も，少しでも関連があるものであれば，微に入り細を穿つほ
どの詳細さで業績調書を作ります。いったん書き上げたものに，経歴に応じ
て学位取得や学会発表，刊行，専門的な経験などを，次々に書き加えていく
のです。あなたが大学院を受験したり就職活動をしたり，あるいは研究奨励
制度に応募したりする際には，その事実を盛り込むことになりますが，それ
は，将来の就職先の人事担当者に見せるためだけのものではありません。ほ
とんどの人は，その時点までの経歴として，自分が何をしてきたかについて
の記録をまとめるために業績調書を作っているのです。

■ 業績調書の項目

　業績調書には決まった形式があるので，作るのは簡単です。表11-1には
項目の一覧を，そして表11-2には架空の学部生のサンプルを示しているの
で，どのように書式設定すれば良いかわかるはずです。たいていの業績調書
はこのようなものですから，慣例に従うほうが無難です。履歴書の場合と同
様，初心者は時折，目立たせようとしてスクラップブックを作るためのハサ
ミを強迫的なまでに使って，誤ったやり方で業績調書を華やかなものにしよ
うとします。しかしながら，けばけばしいフォントを使うことや，職人技の
ような手作りの用紙に印刷すること，用紙にレモングラスエッセンシャルオ
イルを滲み込ませることなどは避けてください。ありふれた白い用紙に黒い
活字で書けば良いのです。たいていの人はPDFファイルのコピーでしか見
ませんので。

第11章　業績調書を書く　*147*

表11-1　業績調書の項目

名前と連絡先，学歴，受賞歴，刊行，査読中の論文，学会発表，研究歴，学会参加，所属機関，関連のある履修科目，教育歴，パソコンのスキル，語学力，推薦者

＊注　カテゴリーの順番はさまざまです。目立たせたいものを先に持ってきてください。これらに該当しないスキルや業績，経歴を載せたければ，独自のカテゴリーを設けることもできます。

　表11-1に示した業績調書の項目は，あなたが書くべきカテゴリーの名目です。その項目の中には，たとえば連絡先や学歴など，どんな業績調書にも欠かせない必須のものがあります。しかし，それ以外は任意の項目なので，あるカテゴリーにふさわしい経験やスキル，業績があれば，そのカテゴリーに書き込んでください。なければ省略します。たとえば，学会発表をしたことがなければ，「学会発表」という項目は削除してください。項目名だけあってその下に何も書かれていないのは，奇妙でみじめだからです。何年間かかけてキャリアアップしていくうちに，もっと多くの情報や見出しを書き足していくことになりますので，その意味では，業績調書はあなたの学問的な成長を示すグラフのようなものなのです。

　カテゴリーの順番はさまざまですが，最も重要なものが先に来ます。すなわち，連絡先と学歴から書き始めるべきでしょう。大学院入試では，受賞歴，刊行，学会発表，研究歴などについて聞かれますので，それらが次に来ます。しかし，分野や目的に応じて語学力やボランティア活動歴，兵役，社会奉仕活動，指導歴などを強調したい場合もあるでしょうから，希望するならそれらを先に書いても良いでしょう。同様に，経験や業績，スキルを強調したければ，表11-1にない項目を新たに設けることもできます。

◆　名前　◆

　名前は簡単なはず。そうではありませんか。業績調書に書く名前は専門家としての名前であって，子どもの頃にお母さんが油性マジックで下着に書い

てくれた名前とは違うかもしれません。当然のことながら，ニックネームや愛称，芸名，源氏名ではいけません。親御さんがあなたの学位記に書かれることを望む名前を書いてください。たいていの人はフルネーム（たとえばPaul Joseph Silvia）か，あるいはミドルネームをイニシャルにして書きます（たとえばPaul J. Silvia）。ミドルネームで通すことを望むなら，ファーストネームを省略するか（Joseph Silvia），ファーストネームをイニシャルで書くこともできます（P. Joseph Silvia）。また，イニシャルを使いたければ，そうすることも可能です（P. J. Silvia）。ここでも，他の場合と同様，選択肢が多いがゆえに悩まされます。

◆ 連絡先 ◆

　実際のところ，誰もがこの業績調書に基づいてあなたにコンタクトをとろうとしますので，古い連絡先や紛らわしい表記があってはいけません。最低でも毎日チェックするメールアドレス，それも可能なら大学が発行しているメールアドレスが望ましいでしょう。別のアドレス，たとえばプライベートで使うSmokeyEyedUnicorn@paleomail.comといったもののほうが便利だと思うかもしれませんが，大学教員によっては，そんなアドレスにはメールを送りたくないと思う人もいるでしょう。味気ない大学のアドレスのほうが，相手に不審感を抱かれる可能性は少ないでしょう。

　電話番号の記載は任意です。もし固定電話しかない場合には，その番号を書いても良いでしょう。しかし，業績調書はネット上で見ず知らずの人にも閲覧可能[2]ですから，携帯電話しかなければ書かないほうが無難でしょう。いずれにしても，電話番号を書くのであれば，留守録音声メッセージ機能を使い，いたずら電話や嫌がらせ電話でないことを確認する必要があります。

　住所の記載も任意ですが，書いたほうが良いと思います。書くとすれば，郵便物を確実に受け取れる住所を書いてください。ただ，多くの学生には放浪癖があって，洗濯機と乾燥機しかない貸し部屋の異国情緒あふれる魅力に

---

[2]　この点も我が国とは事情が異なるようである。

駆られて，根無し草のようにとんでもないあばら家を転々としているため，たちまちのうちに古い住所になってしまいます。そういう場合には，ころころ変わることのない確実な宛先として，親御さんの住所を書いてもかまいません。

　最後に，専門家としてのホームページがあれば，その URL も記載してください。ただし明白なことですが，その内容は未成年者に無害なものでなければならないので，酒やたばこ，そして通常なら衣服の下に隠されるべきタトゥーなどの画像があってはいけません。SNS のアカウントは覚悟のうえで載せてください。ビジネス向けの SNS のページやその他の専門的なページなら載せても良いでしょう。それ以外のものだと災いを招きかねません。

◆ 学歴 ◆

　次の項目では学歴を書きます。最も新しい所属先，すなわち現在の大学名から書き始めて，次に入学年度を書きます。現在の所属先としては，「2017年8月入学，現在に至る」といったように書きます。もし，以前に専門学校やコミュニティ・カレッジなど，他の教育機関に在籍したことがあれば，その下に続けて新しい順[3]に書いてください。また，研究奨励制度や留学制度などで他大学に在籍したことがあれば，やはり同様に書きます。

　どの項目でも，すでに取得している学位や資格を書かなければなりません。多くの学部生は，コミュニティ・カレッジや専門学校，兵役などから，文系准学士号やその他の興味深い資格をすでに持っています。私たちはこれまで，静脈切開術の免許，ASE（全米優良自動車サービス協会公認自動車整備士）資格，パイプオルガン専門修理士資格など，さまざまな免許や資格を持った学生に出会ってきました。現在の所属先において取得を目指している学位名（おそらくは，心理学専攻の BA〈文系学士：bachelor's degree in arts〉や，BS〈理系学士 bachelor's degree in science〉）や取得が見込まれる時期を記入してください。すべての所属先であなたが何をしてきたかが読

---

†3　我が国とは順番が逆。

み手にわかるように，主専攻，副専攻，あるいは重点領域を書いてください。

　学歴はどの時期まで遡れば良いでしょうか。この項目は学歴全体を書くものではありませんので，あなたが幼稚園に入園した時期について親御さんが思い出せなくてもかまいません。高等学校卒業後のすべての学歴を書けば良いのです。高等学校については任意です。学生のなかには高校時代に受けたあらゆる表彰（たとえば卒業生総代）をリストに挙げる人もいれば，高校時代を完全に省略する人もおりますが，そうした気持ちは十分に理解できます。

　GPA はリストに挙げるべきでしょうか。これは悩ましい問題です。所属したそれぞれの教育機関での GPA を載せる学生もいれば，いっさい載せない学生もいます。載せようとする学生には多くの選択肢があります。累積的な GPA 全体や，心理学の科目だけの GPA，最近 2 年間の GPA，あるいはそれらの組み合わせ，といった載せ方の選択肢がありうるのです。教員としては，業績調書上の GPA にはあまり関心がありません。大学院を受験する際に提出する成績証明書と出願書類を見れば，履修した科目やその GPA がすべてわかるからです。たいへんな努力を必要とする第二専攻や副専攻に取り組むなど，困難な道のりをあえて選んだ学生のなかには，往々にして GPA が低めな人が含まれますが，その低い GPA には数字に表れないそうした努力が反映されませんので，誤解を招きかねません。

◆ 受賞歴 ◆

　受賞歴の項目は，謙虚を装いつつ，さりげなく自慢できるチャンスです。この項目に何を書き込めるか，しばらくじっくり考えてみてください。補助金や奨学金，育英資金などを受けたことはありますか。競争による賞を獲得したことはありますか。Psi Chi の会計係や，学生間でリーダーシップを発揮する役割などに選出されたことはありますか。学部長表彰者リストや学長表彰者リスト，学会長表彰者リスト，その他，下の方に防犯協会の電話番号が載っているリスト[†4]以外なら何でもいいのですが，名前が載ったことはありませんか。そうした受賞歴すべてを受賞日とともに書くのです。受賞歴

が何もなくても落ち込む必要はありません。その項目を削除すれば良いのです。

◆ 刊行 ◆

　論文を刊行したことはありますか。もしあれば，あなたの卓越した優秀さをアピールできますので，素晴らしいことです。それについては皆に聞いてもらいたいはずです。刊行の項目に書き加えていってリストに挙げてください。この項目には，すでに「刊行されたもの」（刊行年，巻数，ページ数がついたもの）と，「印刷中のもの」（編集委員会で受理されながらも編集過程の途中にあるもの）の双方が含まれます。もちろん APA 方式でリストに挙げる必要があります。2 本以上の論文があれば，刊行日順（新しい順でも古い順でもどちらでも可）か，表題のアルファベット順の，いずれかの順番で並べ変えることができます。

◆ 査読中の論文 ◆

　学部生にはまだ刊行された論文はないでしょうが，学術雑誌に原稿を投稿したことはあるでしょう。学部生はそのこと自体が大きな達成ですので，査読中の論文の項目にそれを挙げてください。投稿したがまだ受理されていない原稿は，それ独自のカテゴリーが必要になります（刊行された論文とそうでない論文を刊行の項目のなかに混在させると，何でもかんでも詰め込もうとしていると思われてしまう。実際のところ，混在させるのはそうした動機からなのだが）。こうした原稿も APA スタイルでリスト化しますが，査読を受けている雑誌名と投稿した日を付け加えてください（表11-2を参照）。こうしたやり方で未刊行の論文をリストに挙げることは，厳密に言うとAPA スタイルに反することではありますが，ときには危険と背中合わせになることは誰にとっても必要なのです。

---

†4　要するに，いわゆる「前科者リスト」や「指名手配者リスト」のこと。

152

表11-2　架空の学部生の業績調書のサンプル

Emily W. Hamilton
ewhamilton@uncg.edu
1413 Spring Garden St., Apt 14K
Greensboro, NC 27408
(336) 867-5309

学歴
・ノースカロライナ大学グリーンズボロ校（2015年入学，現在に至る）
・心理学士（2020年5月取得見込み）
・副専攻：アメリカ手話
・オタゴ大学（ニュージーランド），2017年前期留学

受賞歴
・Member of the Lloyd International Honors College，2015年から現在
・学部長表彰候補，2015年後期以降すべての学期
・学長表彰候補，2016年と2018年の前期
・留学補助制度，2017年前期

刊行
・Marcovitch, S., Hamilton, E. W., Critten, L. L.（印刷中）「親の情動制御と子どもの自己調整スキル」『認知と情動』誌

査読中の論文
・Marcovitch, S., Hamilton, E. W., Critten, L. L., & Meterazzo, F. P.（査読中）「広範な自己調整スキルと情動制御が子ども同士の人間関係にどのような影響を及ぼすか」『動機づけと情動』誌にて2019年10月より査読中．

学会発表
・Hamilton, E. W., Critten, L. L., & Marcovitch, S.（2016年10月）「親の情動制御と子どもの情動体験についての自己調整」南西部社会心理学会年次大会（アシュビル，ノースカロライナ州）にてポスター発表．
・Meterazzo, F. P., Hamilton, E. W. & Marcovitch, S.（2016年8月）「自己調整スキル，情動制御，子ども同士の人間関係」アメリカ心理学会年次大会（デンバー，コロラド州）にてポスター発表．

研究歴
DUCK ラボラトリー（Stuart Marcovitch 博士）の研究アシスタント，2015年前期から現在
主な役割
・子どもの情動についての知識と情動制御に関する実験素材の開発
・コミュニティ・サイトでの研究協力者の募集
・子どもとその親とのセッションに関するデータ収集
・行動データおよび自己報告データの入力

・新しい研究アシスタントへのトレーニングとスーパーバイズ
・学会でのポスター発表の準備
・査読付学術雑誌への投稿論文執筆の補助

学会参加
・アメリカ心理学会，2016年，2017年
・南西部社会心理学会，2016年，2017年，2018年
・南西部心理学会（SEPA），2018年，2019年2月13日

所属学会
・アメリカ心理学会学生会員，2016年から現在
・Psi Chi，2018年前期より所属

関連のある履修科目
心理学入門，社会心理学，人間の認知過程，子どもの発達，生涯発達心理学，心理統計，研究計画法，動機づけと情動，実験演習（4学期）

語学力
アメリカ手話（上級）

パソコンのスキル
Microsoft Office（Word, Excel, Power Point），Qualtrics，SPSS

推薦者
Peter Delaney
ノースカロライナ大学グリーンズボロ校心理学部准教授
P.O. Box 26170, Greensboro, NC, 27402-6170
p_delane@uncg.edu
（336）256-0010

Stuart Marcovitch
ノースカロライナ大学グリーンズボロ校心理学部教授
P.O. Box 26170, Greensboro, NC, 27402-6170
s_marco@uncg.edu
（336）256-0020

Paul Silvia
ノースカロライナ大学グリーンズボロ校心理学部教授
P.O. Box 26170, Greensboro, NC, 27402-6170
p_silvia@uncg.edu
（336）256-0007

◆ 学会発表 ◆

　学会で発表したことはありますか。何らかの学会や定期大会，専門家会議，あるいは皆が名札をつけて静かに聞き入る会合などで，ポスター発表（第9章参照）や口頭発表（第10章参照）の経験があれば，この項目に挙げてください。学会発表をリスト化するAPA方式のフォーマットは，論文をリスト化するフォーマットと似ています。表11-2に例を挙げていますが，もしリストに挙げるべき発表の経験がある場合は，最新の**論文作成マニュアル**を参照してください。

◆ 研究歴 ◆

　研究歴の項目は最も重要なもののひとつです。業績調書を読む人は，あなたがいつ，誰と，どんなテーマについて，何を行ったかを知りたいからです。所属していた研究室で研究に取り組んだ時期（学期あるいはその半分の時期ごと）を挙げてください。そして，研究を指導した教員の名前を挙げてください。教員によっては，自分の研究室に独自の名前をつけている人がいます。その場合，その名前も書いてください。さらに，あなたが取り組んだ研究テーマを簡単に書いてください。どのような問題や方法に取り組んだのかを示すには，1～2文あれば十分でしょう。そして最後に，研究協力者の募集や行動観察の記録，オンラインアンケート調査，データ分析など，あなたが行ったことを簡潔に書いてください。2人以上の教員と一緒に，あるいは2カ所以上の研究室で研究に従事していたなら，それぞれを別々に挙げてください。

◆ 学会参加 ◆

　どこかの学会に参加したことはありますか。大学を離れて専門的なコミュニティの会合に参加した経験があれば，あなたの熱意と潜在能力を大いにアピールすることができますので，参加した学会をリストに挙げるべきでしょう。それぞれについて，学会の名前と参加した年度を書きますが，どのよう

な学会でもたいてい頭文字で通用します（たとえば，「中西部心理学会（Midwestern Psychological Association）」であれば「MPA」といったように）。まだ一度も学会に参加したことがなければ，参加可能な地域で近いうちに学会が開かれるかどうか，指導教員に尋ねてみてください。決して早過ぎるということはありませんし，事実上，すべての学会が学部生の参加を奨励，歓迎しているのです（第8章参照）。

◆ 所属学会 ◆

　学部生であっても専門学会に入会するべきです。なぜなら，出会って，学ぶことのできる人間関係が広がるからです。第7章では，たいていの専門学会が学部生の入会をいかに歓迎しているかを述べました。すでに全国規模の学会（アメリカ心理学会や心理科学会など）や，地方学会（南東部心理学会や西部心理学会など），専門分野に特化した学会（美学・創造性・芸術心理学会や，社会問題についての心理学研究学会），あるいは地元のグループ（Psi Chi の支部や心理学サークルなど）に入会しているのであれば，それらを入会した年度の順にリストに挙げてください（たとえば「2017年入会」と）。

　リストに挙げるべきことがないですか。では今週，早速どこかに入会しませんか。ほとんどの学会はオンラインでの入会手続きが可能ですし，学部生の会費は安い（か無料）です。私たちの学生のなかには，経済的に厳しいことから，両親や親戚を説得して会費を払ってもらったケースがありました。

◆ 関連のある履修科目 ◆

　履修した科目をリストに挙げる学生もいれば，省略する学生もいます。この項目への記入は任意です。履修した科目を書き込むとすれば，心理学の科目や心理学に関連した科目など，キャリア上の目標と関連のある科目を選んでください。記入するとすれば，最低でも科目名はリストに挙げてください。科目番号は部外者にとってはほとんど意味がないので，書く必要はありません。ここで成績評価を記入することも任意ですが，書くのであれば，目

覚ましい成績を収めている場合のみ書いてください。

◆ 教育歴 ◆

　多くの学部生は卒業前に何らかの教える体験を持ちますが，そのことは是非とも披露すべきです。学部によっては，上級生がティーチング・アシスタントやチューターとしての役目を引き受ける機会を提供しています。折に触れて，授業に呼ばれて話題提供してみたり，勉強会を開いたり，何かを発表したりすることでしょう。これらの経験は，授業で与えられた課題でない場合にのみ，リストに挙げることができますので，履修している授業での発表は含まれません。ほとんどの人は人前で話すことが苦手ですので，教える体験や専門的な発表があれば，あなたの優秀さを際立たせることができます。

◆ パソコンのスキル ◆

　パソコンのソフトをうまく使いこなせますか。あなたがソフトウェアのプログラムやプログラミング言語，あるいはプログラミング環境に特に通じているのであれば，それをリストに挙げてください。ただし，正直に。なぜなら，たとえば SPSS をリストに挙げるとすると，それを読んだ人は，あなたに SPSS のデータファイルさえ手渡せば，それを処理してもらえると期待するからです。ですから，PowerPoint のスライドをたった一度作ったことがあるくらいでは，PowerPoint をリストには挙げないでください。学生がこの項目に何かを書くとすれば，汎用ソフトウェア（たとえば，Microsoft Office，Access，WordPress など）や，プログラミング言語，プログラミング環境（Visual Basic，R，Matlab），統計ソフト（SPSS，SAS，Mplus），有名なリサーチソフトウエア（Qualtrics，E-Prime，MediaLab，Inquisit），あるいは，専門的なリサーチソフトウエア（Noldus，HRV，IMP，MetricWire，AcqKnowledge）などをリストに挙げるのが一般的です。ハードウエアについてのスキルも挙げることができます。視線追跡装置や，精神生理学的実験装置，経験抽出法[†5] タブレット，あるいはその他の装置を操作した経験があれば，もちろんそれもリストに挙げてください。

第11章　業績調書を書く　*157*

◆　語学力，その他の専門的なスキル　◆

　他に際立って役に立つスキルはありますか。たとえば，語学力が良い例です。英語以外の言語を流暢に話せるなら，それをアピールするべきでしょう。話せる外国語をリストに挙げ，必要に応じて詳細に（つまり，母国語のように流暢に話せる，あるいは書くことや話すことに限られるなど）記述してください。その他にも得意なことがたくさんあると良いのですが，それらがこの専門性に関する書類で共有したい**専門的なスキル**と関係するのであれば，それをリストに挙げ，詳細に書いてください。

◆　推薦者（信用照会先）　◆

　最後は推薦者です。推薦者とは，あなたの素晴らしい人柄や上品なパーソナリティについて保証してくれる人のことです。それぞれの推薦者について，氏名や肩書き，住所，メールアドレス，所属先の電話番号を書きます。2～4名の専門家を推薦者リストに挙げてください。教員や指導者，キャリアに関係のある雇用主であれば問題ありません。友人や親族，教会関係者に頼むのは避けてください。当然のことながら，推薦者として業績調書に名前を載せていいかどうかを本人にしっかり確認しなければなりません。

　学生はしばしば，「本当に推薦者に問い合わせているのだろうか」と思うものです。しかし，実際のところ皆そうしています。どんなときもそれが実情です。私たちはこれまで，問い合わせのための数えきれないほどの電話や電子メール，郵送物を受け取ってきました。また，私たちを推薦者としてリストに挙げた学生の利益保証を目的として，司法当局者や私立探偵が身元確認のために突然訪ねてきたこともありました。逆に私たちが，不正な裏ルートや共有すべき優秀さがあるかどうかを大学院側に確かめてもらおうとして，その学生の推薦者にしつこく質問して迷惑をかけてしまったこともあり

---

†5　これ以外にも，「生活サンプリング法」「経験標本抽出法」「経験サンプリング法」などの訳がある。

ます。ですので推薦者は慎重に選んでください。そして**好意的な**推薦をしてくれそうかどうか，確認してください。

業績調書を更新する

　最初の下書きが出来上がったら，誰かに見てもらって感想を聞いてみる必要があります。目的は業績調書を完成させることですから，プレッシャーを感じることはありません。業績調書は一か八かの決断を下すために用いられますので，あなたの勤勉さや几帳面さが伝わるものでなければなりませんし，誤字脱字があってもいけません。よくある失敗は，誤字脱字，学会発表や論文を記載するにあたって APA スタイルに従わないこと，書式に一貫性を欠くことなどです。2種類以上のフォントを使うときに書式設定の失敗が起きたり（たとえば，ページ番号と本文とは異なるフォントを使う），不規則に見出しの区切りを変えたり（あるものを5インチにしたのに，別のものはそうでないとか），ハイフン（-）とダッシュ（—）を混同したりするなどです。些細なことのように思えるでしょうが，業績調書を見る相手は，あなたに賃金を払ったり，転職の機会を与えてくれたりする見ず知らずの人なわけですから，完璧に仕上げてください。

　少なくとも各学期に一度は，業績調書を最新のものに更新するべきです。そうすれば，半年間頑張ったことに対する自分へのご褒美のように，学期終了時の慣例的儀式になるでしょう。学期中に，学会発表するとか学術雑誌へ投稿するといったような重要なことがあれば，そのときにはできるだけ早く更新してください。順次定期的に業績調書を更新することを自分自身に義務づければ，容易に最新の状態を維持することができます。学部生が学会などで，大学院でのメンターになるかもしれない人に会ったり，あるいはメールを送ったりすると，しばしば「業績調書を送ってくれませんか」と言われます。そんなとき数分以内に，鉄が熱いうちに，つまり先方の興味関心が冷めないうちに，業績調書を送れるようになりたくはありませんか。

　大学院に行くのなら，いくつかの項目を省略することができます。特に，

履修した科目，学部時代の GPA，参加したことのある学会などは省略可です。推薦者の項目も，大学院での指導教員をリストに挙げるとすれば，自ずと変更されることになります。そうしないと，あなたの業績調書の骨格は，あなた自身同様，これから先の大人としてのキャリアを築き上げていく期間，ずっと更新されないままになってしまいます。

▌まとめ

　業績調書は，多くの人にあなたの第一印象をもたらします。現在に至るまでの専門家としてのキャリアの，いわばスナップ写真を求められたとき，業績調書は，電子メールで送られたりアップロードされたりするものです。初めて業績調書を作るとき，その短さや内容の乏しさにきっとショックを受けるでしょう。最初の業績調書は，誰にとってもそういうものから始まりますが，それをどんどん膨らませていくきっかけとして活用してください。業績調書はあなたの業績を書類にまとめたものであり，同時にそれが現在も進行中であることを示唆するものでもあります。さまざまな方法でそれを膨らませて，興味深い項目をどんどん書き足していってください。

第12章 志望理由書を書く

　ところで，あなたはどんな人ですか。本来であれば，そのような大それた質問に対して，短い答えはふさわしくありません。しかし，まだ手がけたことがないとしても，やがて大学院入試や研究奨励制度の委員会に向けて，あるいはその他の団体から何らかの支援を受けるための，志望理由書を書くことになるでしょう。求められている文書には，自分自身や自分の目標に対する鋭い洞察と，それらをもたらすことになった数多くの経験が盛り込まれる必要がありますが，簡潔にまとめなければなりません。あなたがどのような人物であるかを記述すると，1冊の本ができ上がるでしょう。あるいは，少なくとも慎重に選んだひとつながりの長い絵文字[†1]ができるかもしれませんが，多くの志望理由書はわずか2〜3段落で書くことになります。

　本章では，大学院を受験したり，研究奨励制度や賞，補助金，特別なプログラムなどに応募したりする際の志望理由書の書き方をお示しします。多くの学生は，志望理由書を書くことに苦しめられます。何を書いていいのかがわからないと同時に，出来上がったものが堅苦しくつまらないものに見られるのを恐れるからです。驚くことではありませんが，私たち教員はたいていの志望理由書を読みづらいと思っています。ただ単に退屈だったり，誤字脱字が多かったりするだけでなく，ひどい場合は下品でゾッとするものも珍しくないからです。

---

†1　原文でも "emoji"。日本の携帯電話から生まれたもので，それが世界中に普及し英語化した。

第12章　志望理由書を書く　*161*

┃ 2段階アプローチ

　志望理由書を書くための2段階アプローチを提案したいと思います。第1
のステップは，人生における他の多くの事柄と同様，失敗を避けることで
す。成功例の少なくとも半分は，多くの初心者をくじけさせる共通の失敗を
犯してはいません。そのことさえクリアされれば，あなたの志望理由書は平
均以上のものになるでしょう。多少は平板であっても，無作法で不愉快なも
のではなくなります。よくある失敗を回避できれば，第2のステップは，ノ
ンフィクションの著作から，志望理由書を興味深く魅力的なものにするため
のヒントをつかむことです（Baker, 1969; Zinsser, 2006）。私たちのアドバイス
は，大学院入試のための志望理由書に重点を置いています。大学院入試がこ
こでの最大の関心事だからですが，よく書けている志望理由書の原則は，長
さが違うだけでどんな場合にも共通しています。博士後期課程に向けたもの
は長い記述になりますし，少額の旅費の助成を受ける場合は一段落でまとめ
ます。

◆　「致命傷」を避けること　◆

　何よりもまず，害になる失敗をしないことです。書くこと，そして人生は
失敗を避けるだけでは決してうまくいきませんが，何はともあれ，まずはそ
こから始めます。Appleby と Appleby（2006）による洞察に富んだ研究で
は，「大学院入試での致命傷」と呼ばれている一連の事柄が述べられていま
す。すなわち，その他の点では優秀なはずの志願者が不合格となってしま
う，入学願書の重大な欠陥のことです。そのような志望理由書を読むと，
（失敗の多くは修復困難なほどあまりにも奇妙なために）気持ちが萎えた
り，（いつかどこかで読んだようなありきたりなもので）眠くなったりする
のです。志望理由書における多くの致命傷は，表12-1にリストとして挙げ
ています。

　学生が犯す失敗の多くは2つのタイプに要約できます。ひとつは**不注意**で

表12-1　志望理由書において避けるべき「致命傷」

・スペルミスや文法上の誤り

　これらの誤りは，書くスキルが劣っていることを明白に表す兆候であり，自分が書いたものの校正を怠ること，あるいは，丹念に書かれていないものを提出することである。

・自分のメンタルヘルスについての言及

　自分のメンタルヘルスについての記述は，あなたが優秀な大学院生として学業に専念できないかもしれないという印象をもたらす可能性がある。

・過度に利他的な記述

　そうした記述があると，大学院側は，他者を援助したいという強いニーズこそが大学院での成功に不可欠であるとあなたが信じており，研究や専門的な活動に取り組みたいという願望は二の次であろうと解釈する場合がある。

・自己の本心を過度に開示する情報

　大学院側は，そうした情報を，デリケートな領域における対人関係上，あるいは学問上の節度を守るという価値にあなたが疎いというサインとして解釈するかもしれない。

・不適切なユーモアや，かわいく，あるいは賢く見せようとする試み，志願しようとしている大学院と無関係な宗教的な問題への言及など

　入試委員会のメンバーは，この種の情報を，入試のプロセスや大学院の文化というものの持つ公的な本質的特徴に対する意識の欠如であると解釈するかもしれない。

＊注　「大学院出願のプロセスにおける致命傷」（D. C. Appleby and K. M. Appleby, 2006, *Teaching in Psychology*, 33, p.23.）は Sage 社の許可のもとで再掲。私たちは，大学院に興味を持つために論文全体を読むように学生に勧めている。一読すれば，志望理由書を誰かに読んでもらおうという気になるであろう。

す。なかには，新聞紙のような粗末な紙を整髪料や絶縁テープで貼りつけたように見えるものがあります。あるいは，入学願書に200〜300語の文章を書かなければならないのに，あまりにも短過ぎたり（ほんの2〜3行の文章），長過ぎたり（4〜5ページにわたる長文）するものを提出する人もいます。指導教員の名前や学部名，さらには大学名すら間違っていることもしばしばです。誤字脱字や文法上の間違いも多く見受けられます。実際のところ不注意によるミスは致命傷なのです。大学院というところは，細かいことに心を

砕く思慮深い人材，つまり，その専門的な学問領域に長期にわたって身を投じる覚悟がある人材を求めているからです。自分が書いたものを見直し誰かに意見をもらおうとしない人は，大学院が求めている真摯な目的意識を示すことはできないのです。

第二に，**未熟さ**が挙げられます。学生は，野暮で，不愉快な，人の気持ちを揺さぶるような，うかつにもゾッとさせるような，あるいはあまりにも露骨なことをしばしば書きます。そうした失敗をする学生の気持ちもわからなくはありません。そのような志望理由書は，いわば**自己紹介書**と呼びうるものですが，結局のところ，あまりにも多くの学生が志望理由書を，個人的な事柄を書き連ねて，最も輝かしい希望と最も陰鬱な不安を赤裸々に語ってみせる場であると思っているのです。その結果，個人的な事柄を盛り込み過ぎることによって，大学院の社会的，学術的要請に照らすと，あまりにも未熟であるという印象をもたらしてしまうのです。したがって志望理由書とは，もっとふさわしい呼び方をするなら**専門家の声明文**となるでしょう。読む人は，あなたの専門性に裏づけられた背景と目標を知りたいのです。ですから，志望理由書には，しっかりとした身なりの新人研究者として，定評ある専門家と並んでテーブルに着きたいと願っているあなたの一面を記述するべきであって，スウェット姿でブラブラしているあなたの一面ではないのです。

Appleby と Appleby（2006）によって見出された致命傷の多くは，極めてパーソナルな記述内容に基づきます（表12-1を参照）。最も危険なレッド・カードは，自身のメンタルヘルスに言及するという無作法です。志願者が自らのメンタルヘルスにまつわる深刻な問題をさらけ出せば，読み手は，その志願者が正当な理由から志願しているのかどうかを不審に思うでしょう。たとえば，臨床心理学のカリキュラムが求めているのは，困難を抱えた人への援助に携われるだけの成熟したレジリエンスの高い人であって，援助を必要としている本人自身ではありません。臨床心理学のカリキュラムはトレーニングのためのプログラムであって，上級者向けの心理統計を盛り込んだ，長期間にわたる集団療法プログラムではないのです。それと同様に，多くの志

願者が，現実味のまったくないような独善的なことや理想主義的なこと，あるいはひどく陳腐な決まり文句を書きます。似たような例としては，自分が周囲の人からいかに聞き上手であると褒められているか，自分が**いかに**対人援助にふさわしい人材であるか，さらには，子どもたちがいかに純真無垢でこの国の未来を背負っているかについて声高に喧伝することなどです。

　自らのメンタルヘルスについての言及や，大人でも子どもでも，あらゆる人間を助けたいと公言する陳腐な決まり文句以上に，信仰や政治的信条，社会集団，子育て，精神疾患などについての扇情的な主張のなかに，不必要な記述がたくさん盛り込まれています。志願する大学院のカリキュラムが（たとえば，聖職者カウンセリングといった）宗教や信仰などの問題と表裏一体のものでない限り，そうした問題は記述の中に登場させてはいけません。政治についても同様です。あなたの研究が本来的に政治に関するものでなければ，政治について言いたいことは，志望理由書ではなくネット上に書き込むべきです。さらに，子どもの抱える問題のすべては究極的には子育ての失敗が原因であるとか，ADHDの子どもには薬物は不要で，ただ抱きしめてあげるだけで良いとか，ある領域における有力な学説はすでに破綻しており破棄されるべきであるといったような，心理学のテーマについての物議をかもすような主張をたまに見かけることもあります。そうした単純化され過ぎた見解は，複雑な問題を深く理解しようとして，何十年ではないにしても，それまで長い時間を費やしてきた研究者である読み手を怒らせるだけなのです。

　最後に述べたいのは，かわいい子ぶった言動は避けるべきであるということです。「足がかりをつかむ」の慣用句を，文字どおり「ドアに足を入れる（"getting your foot in the door"）」の冗談として，ミニチュアの靴を送りつけてはいけません。寓話や風刺物語，あるいは戯曲のように書いてもいけません。俳句や韻文，自由詩，カウボーイ風の狂詩，シェークスピア風の英語，繋字アルファベット（象徴不能文字）など，詩のような形態で書いてもいけません。また，文書の代わりに写真エッセイやビデオを送ってもいけません。居ずまいを正して，オーソドックスなやり方を踏襲してください。大

学院では独創性が求められていることは確かですが，まずは自分自身の専門性についてしっかりした興味深い記述を行うという挑戦に，いかに取り組んでいるかを見せるべきなのです。

◆ 説得力のある志望理由書を作成する ◆

　何を避けるべきかがわかったので，今度は，何に取り組むべきかを見てみましょう。記述内容を際立たせるには，どんな方法があるでしょうか。この文書で何を成し遂げたいのかについて，振り返って考えてみることが役に立ちます。大まかにいって，この専門性に基づく記述内容には，以下のような3つの目的があります。

- 大学院進学に備えるあなたのスキルや業績，経験を紹介すること。
- 専門課程についてのあなたの知識を説明すること。
- そして，あなたがその専門課程で学ぶうえでいかにふさわしいかを強調すること。

　要するに準備が整っている人であれば，自分が目指す大学院についてこれまで詳しく調べてきたはずなので，それで十分なのです。そうであれば，こうした3つのポイントについて記述のなかで強調したくなるはずです。

　うまく書くための唯一絶対の書式があるわけではありませんが，退屈にさせる書式なら間違いなくあります。避けるべき共通の書式を紹介します。まず退屈な記述は，宣言するような味気ない書き方で単調に始まります。たとえば，「私が貴学の大学院を志願する理由は……」「私は……するために心理臨床家になりたいと考えている」「一般心理学を受講して以来，ずっと私の心をとらえてきたのは……」などです。記述内容はそのあと，自分の経験やスキルに移っていきます。もちろん，それは悪いことではないのですが，ある特定の大学院のために入念に作り上げられたものというよりも，どこに出しても通用するように何度もコピペされた内容のはずです。最後は，その大学院のため個別に作られた内容の段落を，添え物のように付け加えて終わる

のです。この最後の段落はたいていまずい始まり方で（たとえば，「私が貴学の大学院に志願する理由は……」），自分がどの先生のもとで研究したいのか，なぜそこの大学院が自分にとって魅力的なのかについてさらっと触れているだけです。

　私たちの経験では，たいていこの書式に従って書かれているのですが，この書き方では，一般的過ぎて没個性的という印象を与えてしまいます。これでは，なぜその大学院を志望し，そこがどうして自分にふさわしいのか，十分な時間を費やして説明しているとは言えない内容なのです。読み手の心をつかんで離さないものにするには，ノンフィクションの著作から修辞学的な工夫を採用することです（Zinsser, 2006）。そうすることで，文章がもっとおもしろく説得力のあるものになるでしょう。

【1．説得力のある書き出し】

　書き出しの2文が肝心です。宣言するような退屈な文章や，「私は……」で始まる文章は避けてください。なぜなら，心理学という学問領域に興味関心を抱き，大学院に入学して学位取得を目指していることは，大学院を志願しているという事実によってすでに明らかだからです。あなた自身やあなたの興味関心といった自分にまつわる記述の代わりに，学術的な専門性に裏打ちされた記述から書き始めれば，文章を際立たせることができるでしょう。

　研究上の興味関心こそが，書き出しにたいへんふさわしいものなのです。研究者養成のための大学院を志願するのであれば，研究したいことから書き始めてください。そうした書き出しは，あなたがそこの大学院にふさわしいということを示していますので，とても興味深く本来の目的に適ったものになります。たとえば以下の書き出しを，上で示した退屈な書き出しと比べてみてください。

- 子どもはどのようにして読書好きになるか。
- 超高齢社会を迎えるにあたって，高齢者同士の友情を理解することはますます重要になる。
- 態度とは，行動と緩やかに，しかも不完全に結びついているものである。

研究者養成の大学院でなければ，職業的専門性に基づく興味関心から書き始めてください。どのような問題意識から大学院での実践的トレーニングを受けたいと思ったのか，何を成し遂げたいのか，などです。以下の例を参考にしてください。

- 子どもの肥満問題の解決には，さまざまな分野に従事する医療関係者の連携が必要になる。
- 学校は子どもの生活にとって，重要な場である。
- 最善の環境で親としての役割を果たすことは難しく，10代の子どもに対しては特に課題が多い。
- リーダーとしての積極的な行動を促進させることは，従業員の士気や組織としての機能性を高める。

こうした書き出しには派手さや華やかさはありませんが，「私が大学院を志願する理由は……」といった類のものよりは，はるかに良いものです。読んでくれる人は，似たような内容の研究を行い，同様の専門的な目標を目指している心理学者ですから，あなたが大学院に出願するにあたって，広範囲にわたるひとつの学術的，専門的文脈のなかに自らを位置づけようとしていることを評価してくれるはずです。そのような書き出しは，文章を個人的なものではなく，専門的なものにしてくれるのです。

【2．興味関心，経験，業績を書く】

書き出しでは，広い意味での興味関心を紹介したので，今度は関連のある専門的な経験を詳細に書くことになります。つまり，どのような理由から大学院を志願するのかを書いてください。具体的には，研究経験や専門的な活動，受けてきたトレーニング，そしてこれまでの業績などです。個性や強みを示すことができるなら，必ずしも学術的とは言えない活動やボランティア活動を書いてもかまいません。いずれにしても，これまで行ってきた活動を具体的に書いてください。あなたとまったく同じ経歴や興味関心，業績の人はどこにもいないわけですから，それ自体，個性的な記述になるはずです。

経歴を記述する際には，志願しようとしている大学院と関連づけて書く必要があります。たとえば，乳幼児の行動を記録するソフトを使った経験があれば，所属を希望する研究室でそのスキルを活かせるということを示してください。同様に，公立学校でデータを収集した経験があれば，学校現場に立脚した研究を行っている教員と一緒に研究するのに，いかにふさわしいかを強調するのです。読んでくれる人は，あなたの経歴がそこの大学院の特徴に合致するかどうかを見極めようとしていますので，そうした記述があれば，その見極めが容易になるのです。

さらに，高い目的意識と真剣さがわかる行動の具体例を明確に記述してください。たとえば，ボランティア活動，地域サービス，指導的役割などは，大学院における目的とは直接的に結びつかないかもしれませんが，あなたの個性をアピールする積極的なメッセージにはなりえます。繰り返しますが，具体的に書いてください。ただ漠然と，熱心に取り組む責任感のある人物であると主張するだけでは，ほとんど意味がありません。そうではなく，長期間にわたって地域サービスに従事してきたことや，Psi Chi における指導的立場に選出されたことを書けば，そうした具体的な活動を通したあなたの熱意や責任能力を示すことができるのです。

【3．職業上の目標を書く】

文章のどこかで，おおまかな職業上の目標に触れてください。大学院側はあなたが修了した時点で何になりたいのかを知りたがっていますが，それは大学院におけるトレーニングが，あらゆる職業を想定したものではなく，ひと握りの限られた進路のために用意されているからです。たとえば，研究職に就くことを主に支援しているところもあれば，臨床心理学，産業・組織心理学，健康心理学，あるいは教育心理学の領域での就職を支援しているところもあります。職業上の目標が明確に主張されていれば，その点に関してじっくり考えたという事実や，そこの大学院でふさわしい支援を受けられるということを示すことになります。大まかな目標で良いのです。何になりたいかについて，大学院は厳密に知りたがっているわけではありません。どちらかといえば，大学院はあなたの興味関心を具体化する役割を果たしたいの

です。したがって，極めて限定的で詳細な興味関心を持つ志願者は，その意味ではあまりふさわしくないと見なされてしまう可能性さえあります。

【4．要約と結論】

この，大切ですがつまらないことを書いて，万事終了です。あなたの主要な業績と，なぜ自分がその大学院にふさわしいと思うかについて，簡単な要約を添えて文章を閉じます。その際，入学許可を懇願するような類の言葉（たとえば「もし入学できれば，一生懸命研究することを誓います」）は避けるべきで，ただ，自身の主張をはっきりと述べて文章を終えるのです。

【5．他者のコメントをもらう】

もし時間の余裕があれば，書いたものについて誰かからコメントもらうことも書くという作業に含まれますが，気が進まないかもしれません。しかしながら，こうした文章は重要なものです。学部の教員が加筆修正の必要性を示唆してくれれば理想的です。研究室でずっと研究しているのであれば，教員や先輩に頼んでコメントをもらうことを恥ずかしがる必要はありません。あなたの仲間もアドバイスをくれるでしょう。たとえば Psi Chi のメンバーに頼んでみてはどうでしょうか。メンバー同士なら，それはお互いさまのことだからです。

◆ 他の目的のための志望理由書 ◆

教室外での活動を行おうとするたびに，多くの志望理由書を書くことになるでしょう。研究奨励制度や補助金，育英資金，賞，あるいは海外留学制度などに応募するとなれば，たいていの場合，願書とともに簡単な志望理由書の提出を求められます。そういうときも，基本的なアドバイスはこれまで述べてきたものと同じです。すなわち，あくまでも**専門性に基づく記述**として考えてください。つまり，それを読む人がなぜそれを求めるのかを考えて，最大限，細心の注意を払って書き上げ，誰かに見せてコメントをもらってください。

研究奨励制度や補助金，育英資金，賞に関しては，大学院への出願と同様，その**動機**が重要です。限られたほんのひと握りの応募者が，奨学金や，

1学期間をパリで学べるというような，誰もが憧れるチャンスを手に入れられるのですから，応募者がどんな人か選考委員会は知りたがるはずです。すなわち，この人は財政的な支援やチャンスをうまく活用できそうな人だろうか，信頼に値する人だろうか，その財政的支援によって今よりももっと活躍することができるだろうか，外から見てその機関を代表する者としてふさわしいだろうか，奨学金を活用して業績を上げられる見込みがあるだろうか，そして，もっと一般的な意味において，そうした支援を受けるに値する好人物だろうか，といったことを知りたいわけです。

　大学院のカリキュラムと同様に，与えるべきお金やチャンスを用意している諸団体も，それに見合うふさわしさに注目しています。そうした諸団体がお金やチャンスを与えてくれるのには理由があります。それぞれの団体には独自の活動目的があって，その活動目的が何であるかについて時間をかけて見定めるのなら，自分がそうした活動目的にいかにふさわしいかを示すことができるでしょう。たとえば，地方の学会に参加する旅費を援助してくれる補助金に応募するとします。篤志家などと呼ばれる人たちは，学生の研究を支援したいと願っていることは間違いありませんが，根底にある意味は，まじめで，学会参加から何かを得ようとしている，あるいは何か良いことをしようと準備をしている学生を応援したいということなのです。同様に海外留学に関しても，大学院は，異文化のなかで適応的に機能でき，その大学院を代表する者としてふさわしい，しっかりした人を確実に送り出したいと願っているのです。

　そうした場合の書類は通常，短めですが，執筆上の作戦は同様に当てはまります。何はともあれ力強く書き始めてください。宣言するような退屈な文章，あるいは「私は」で始まる文章は避けてください。そうではなく，テーマに関係することから書き始めるのです。例として，1学期間の海外留学を志願する際に提出する志望理由書について，2種類考えてみましょう。教員として私たちは，これまで数えきれないほどのそうした志望理由書を見てきました。典型的な書き出しの例が以下のものです。

「異文化について学び，語学力を向上させるために，海外留学を希望
　している。1学期の間，エルサルバドル共和国で学ぶことで，十分な異
　文化体験とスペイン語力向上のための貴重な機会を得たいと思う」

　これは悪くはありませんが，少々退屈ですし，わかりきった内容です。つ
まり，誰しもがこのような理由から海外留学を志望するはずです。特に問題
があるわけではないのですが，別の観点から，たとえば**文化**にまつわる何ら
かのテーマから書き始めると，もっと良いものができるでしょう。

　「異文化は海外だけにあるわけではない。この小さな我が町ですら，
　異なる環境や異なる文化的伝統，そして異なる言語について学ぶ機会を
　提供してくれる，繁栄した移民コミュニティを擁している。先学期，私
　は移り住んで間もない移民の方々への英語アドバイザーとして，市民図
　書館においてボランティア活動に従事してきた。このことは，私のスペ
　イン語と英語を大いに向上させる，やりがいと達成感に満ちた，目を見
　開かされる体験であった。そうはいうものの，海外へ渡航することに
　よって，もっと深遠な異文化体験が得られるはずで，そのことは，自分
　がさらに切磋琢磨することにつながっていくものと期待している」

　いくつかの理由から，このように書くと素晴らしいものが出来上がりま
す。まず，最初の文章は，読み手の心をつかむ効果があります。単刀直入に
要点を述べる代わりに，ほんの少しだけ横道に逸れるのです。そのあと，教
室外でのボランティア活動について記述していますが，そのことは，目的意
識の独創性と真剣さを示唆するものです。文章全体として，この学生は真剣
な学術的な目的のために海外留学を志願するタイプの学生のようであり，た
だ単に南半球のナイトクラブに行きたいわけではなさそうだ，という印象に
なるのです。
　それに続く段落では，選んだ先が自分にふさわしいことを強調すべきで
す。エルサルバドル共和国での教育課程について，真剣に調べたことを示す

のに十分なほど詳細に記述することで，そして，その教育課程がいかに自分の目標と経験に結びつく独自のものであるかを記述することで，他の学生よりもいかに自分にふさわしいか，そこでいかに多くのことを学べるかを主張することができるのです。

まとめ

　極めて高度に専門的な志望理由書は，大学院や研究奨励制度，就職の志願にあたって成功するための物語の一部始終というわけではなく，そのスタートにあたる部分です。志望理由書は，通常，自分自身について，自分の言葉で，自分ならではの息遣いで書きうる唯一の場ですので，あなたの強みを示す絶好のチャンスです。本章で述べたアドバイスを参考にすれば，私たちが出会う多くの学生よりも，良くできた志望理由書を丹念に書き上げることができるでしょう。良くできた業績調書と志望理由書が手元にあれば，出願書類が「あなた自身について語ってください」と求めても，今後は言葉に詰まることはないでしょう。

第13章 ビジネスの世界について考える

　ほとんどの心理学専攻生は，誰かが「心理学なら大学院に行かないとダメだよね……」と言うのを聞いたことがあるでしょう。これは事実ではありません。心理学の学位に基づいて何か意味のあることをしようとするのなら，必ずしも大学院へ進学する必要はありません。むしろ，ほとんどの心理学専攻生は，大学院に出願せずに，待遇の良い職場を探して就職活動をしています（Carnevale et al., 2015）。私たちの経験では，大学院進学を望まない心理学専攻生はしばしばその事実を認めたがりません。全国の大学では，学部における心理学のカリキュラムが「大学院進学準備」モデル（Halonen, 2013）を採用しています。その目的は，心理学部が提供する授業や助言，経験などが，卒業後すぐに就職するためというよりも，学部生を大学院教育のなかで生き残れるだけの，競争力を備えた志願者に育て上げるためだからです。学生たちはカリキュラムが大学院進学準備に軸足を置いていることを明確に理解していて，しかも教員や仲間が大学院進学を期待していると思っているので，自分が就職希望であることを明確に口にすることができず，進学への興味関心を曖昧に表明せざるをえないのです。しかしながら，大学院はすべての心理学専攻生のために存在するわけではなく，多くの学生にとっては選択肢のひとつに過ぎません。労働人口への仲間入りを果たし，受けてきた教育を仕事に活かすことは悪いことではありません。むしろ良い面もたくさんあるのです。

　本章ではビジネスの世界，すなわち多くの心理学専攻生が学部卒業直後に身を置くことになる大人の世界について考えてみます。ここで私たちは，本書における「教室の外から学ぶ」というテーマを，最大限，十分に取り上げ

ます。労働市場は心理学専攻生に対しては不親切かもしれず（Carnevale et al., 2015），しかも競争が激しいので，就職先を見つける際に他より抜きん出るためには，今から準備しておく必要があるのです。本章では，心理学専攻生のために，仕事の世界のありのままの姿を公平かつ冷静に見つめることにします。それは心理学専攻生をがっかりさせるためではなく，成功を目指すためには常に現実を見つめることから出発すべきだと考えているからです。

　まず，労働経済学における基本的な発想のいくつかを検討し，心理学専攻の新卒者がどのくらいの収入を見込めるかについて，労働人口統計を概観することから始めます。そして，企業側が新入社員に何を求めているのか，いかにして競争に勝ち残れるかについて考えます。最後に，あなたにとって魅力的な職種を考えるうえでのアイデアと，心理学専攻生に開かれた広大なビジネスの世界を探索するための情報を提供したいと思います。

労働市場における売買

　就職先を求めて競争力を高めるには，労働市場について，その冷たく無慈悲なまでに誇らしげな本質を，余すところなく理解する必要があります。労働市場は，農産物市場，住宅市場，稀少品市場といった文字どおりの市場と似ています。つまり，あなたは自分の時間や努力，あるいは才能など，売るべき何かを持っているはずです。それを必要としている人がお金を払って買うわけですが，その額はたいてい，必要としているその人に対して，自分の努力をその額なら売っても良いとあなたが思う最低ラインの額です。その目的は，単なるお情けからではなく，あなたの時間や努力，才能が，それを必要としている人たちのミッションを前進させるからに他ならず，そのミッションがやがて利益をもたらしたり，人々に奉仕したり，理想や大義を前進させたりするのです。

　では，その額とは？　日常的に行う活動の対価として誰かがあなたに給料を払うとします。その活動とは，心理学で言えば，教育からカウンセリング，ロビー活動，著述，研究，そして電話番に至るまでの何らかのことで

しょう。中古車や年代物の腕時計，原油などの値段が決まっているのと同様，あなたの活動の値段も決まっています。要するに需要と供給の関係なのです。1988年製のサーブ900（16バルブ，ターボエンジン，ハッチバック）やビーニーベイビーズ人形[†1]，あるいはマイケル・ジャクソンのサイン入りLP *Thriller* などが，それを欲しがっている人の数に対して，どれだけ売られているでしょうか。心理学的な活動を行える人の供給量は，そうした活動を求める需要に比べて，どれくらい大きいでしょうか。極めて重要なこととして，仕事の報酬というものが，その仕事の重要性や社会的な意義，あなたが援助できる人の数，そうすることで仲間から受ける称賛，さらには，あなたが返済しなければならない奨学金の額などとは，まったく無関係であることを理解しておかなければならないのです。つまりスキルの供給は，それを求める需要との間でバランスが保たれていなければならないのです。

　需要と供給の法則は，心理学専攻生には無慈悲なものです。需要がかなり大きいことは良い話ではあります。つまり，心理学的なスキルや知識を必要とする職種は膨大な数に上ります。ところが皮肉なことに，そうしたことができる人の供給量はもっと多いのです。アメリカにおける高等教育制度は，何十年もの間，心理学専攻生を大量に輩出してきました。2013年には，およそ11万5千人の心理学専攻生が大学を卒業しています（National Center for Education Statistics, 2013）。ソーシャルワーク，教育，発達といった周辺領域からの卒業生を加えて，過去数年間に卒業し非正規雇用の状態にある人と合わせると，膨大な数の人が今も求職中なわけです。心理学的な活動を提供できる供給量が，それらを求める需要量を凌駕しているのです。

　そのため，経済学が示唆するところによれば，心理学の学位をもって労働市場に参入する人は，他の領域と比べて高い初任給が期待できません。このことの十分な根拠は，大規模雇用調査の分析から得られています。ある典型的な調査において Rajecki と Borden（2011）は，心理学専攻生がどの程度の収入を得ているかについて，120の学問分野を専攻した数千人規模の調査対

---

†1　手触りの良さで世界的にヒットした動物の赤ちゃんの人形。

象者のデータベースから分析しました。そうした大規模なサンプル数と専攻領域から，どの学問分野を専攻した人がどの程度の収入を得ているかが簡単にわかるのです。彼らは，ここ数年で心理学を専攻して卒業した人（学士号）の初年度の年収の**中央値**（つまり50パーセンタイル）を，他の学問領域を専攻して卒業した人の初任給と比較してみました。

　心理学を専攻した人の初年度の年収の中央値は35,300ドルでした。私たち心理学の専門家は統計が好きなので，この数値が他の学問領域を専攻した人との比較において，どのあたりに位置するのか知りたくなります。Rajeckiと Borden（2011）は，それぞれの学問領域の初年度の年収を Z 得点スケールにプロットしました（標準化された Z 得点は平均 0，標準偏差 1 であることは言うまでもありませんね）。その結果，心理学専攻者の初年度の年収の中央値の Z 得点は，－.81でした。－.81とは，心理学専攻者の初年度の年収の中央値が，他の120の学問分野の初年度の平均年収よりも標準偏差で.81分だけ低いということを意味しています。本書に Z 得点とそれに対応したパーセンタイルの別表を設けるとすれば，この数値が分布のおよそ79％よりも低いことになります。別の言い方をすれば，心理学専攻生の初年度の年収の中央値は，他の専攻生に比べると下から21番目ということになります。

　しばらくの間，第一線で働いたとしても，見通しは明るくなりません。Rajecki と Borden（2011）は，それぞれの専攻生が15年働いた時点でどれほどの収入を得ているかという，中堅社員の給料も調べました。心理学専攻生の中堅社員の給料の中央値は，62,500ドルでした。120の学問領域の専攻生の分布のなかでは，心理学の Z 得点は－.60で，おおよそ下から27番目でした。

　若干古いデータですが，基本的なパターンは今もそのままです。ジョージタウン大学の教育・労働人口センターによる最近の分析では，学士号を持つ人の人気と収入が評定されました（Carnevale et al., 2015）。当然のことながら，心理学は非常に人気があり，対象となった137の専攻のなかで 5 番目に多く見られる専攻でした。しかし収入の面では，下から数えた方が早く，心理学は137の専攻のうち112位というひどい順位でした。言い換えれば心理学

第13章　ビジネスの世界について考える　*177*

は，人気の面では96パーセンタイルであるのに対して，収入面では18パーセンタイルだったのです。

▌競争力を高めるには ─────────────────

　要するに，心理学専攻生にとっては買い手市場なのです。つまり，心理学専攻生の供給が需要を凌駕しているため，心理学を専攻した新卒者に，その時間や努力の成果，才能などを売り込もうという気にさせるために企業側が支払うべき賃金は，比較的少額で済むのです。しかし，就職の見通しが厳しいと述べて，皆さんをがっかりさせたいわけではありません。現実を知ることで，成功するために必要なことができるようになるのです。心理学を専攻した人の初任給が概して低いとはいえ，その幅は非常に広いものです。収入の多い心理学専攻生の上位３分の１は，下位３分の１よりもはるかに多くの収入を得ているのです（Carnevale et al., 2015）。中央値に位置する学生は，本書を読んで有利になるように学ぼうとしている人たちではありません。今まで述べてきたように，自分のスキルを磨く機会を活用している学生はやがて頭角を現すでしょうし，上位３分の１に含まれる可能性が大きくなります。では，ビジネスの世界において頭角を現すにはどうしたら良いのでしょうか。

◆ ソフトスキルを示すための明白な根拠 ◆

　誰もがわかっていることですが，企業側は**ソフトスキル**を高く評価します。たいていのソフトスキルは，単純に言えばマナーが良いということです。礼儀正しさ，時間の正確さ，ふさわしい服装，そして自己鍛錬です。誰もが職場の内外で重宝される強みを見せています。自分とは異なるタイプの人ともうまくやっていったり，人とは異なる観点から物事を理解できたり，倫理的に振舞えたりするのです。なかには潜在的なリーダーシップ能力を発揮するといった，比類のない働き方ができる人もいるでしょう。しかしながら，そうしたスキルを持つだけでは十分ではありません。そうしたことができるということを示す明白な根拠が必要なのです。言うは易しで，誰だって

「私は勤勉で倫理的な人間です」と言うことはできます。企業側はその根拠が欲しいのです。あなたが提示できる具体的な例は何ですか。

　教室外で積み重ねてきた経験は，こうしたソフトスキルを身につけたり示したりするための素地になります。たとえば，研究に取り組んだ経験があれば，チームで働くことができる頼り甲斐のある人で，さまざまなタイプの人たちとやりとりができ，デリケートな倫理的問題にも対処できるということの根拠になります。学内のさまざまなグループに所属したのであれば，潜在的なリーダーシップ能力や誠実さ，そして十分な倫理観を示すことができるでしょう。学会に参加し，発表したことがあれば，部外者の前で大学の看板を背負う機会があったことを示すことになります。

　最も重要なソフトスキルは，学ぶことができるということです。物事を学ぶことでこの能力を示せますので，研究体験から学んだ普段できない多くの珍しいこと，たとえば実験協力者の胸に電極をつけたり，難解な実験用ソフトウェアを操作したりといったことが，手堅い根拠になるのです。さらに，企業側は学ぶ能力の指標として好奇心にも注目しますので，ハングリー精神を満たすことに自分の時間を使ってきたかどうかを確かめるために，興味関心や趣味について尋ねてくるでしょう。実際のところ「今，どんな本を読んでいますか？」はよくある質問ですが，あなたにはちゃんと答えられますか。

◆　卓越した望ましいハードスキル　◆

　スポンジのような柔らかいソフトスキルの後は，鋼のように非常に硬いハードスキルです。企業側は，コミュニケーション能力の高い人を見つけるのがいかに難しいかを嘆いていますので，上手に書くことや話すことを学ぶと有利になります。学生たちは膨大な量の文章を書いたり，人前で話したりすることが求められる授業を敬遠しがちです。そうした授業を履修したことのある学生にとっての朗報は，そのような経験を持つことが，膨大な数の心理学専攻生に勝つための，もうひとつの方法だということです。しかし教室での授業とは別に，研究体験からも，コミュニケーションスキルを磨き，そ

第13章　ビジネスの世界について考える　*179*

れを示す機会が得られるでしょう。つまり，学内のさまざまなグループの
ミーティングを企画したり，学会で発表したり，学術雑誌への原稿執筆を手
伝ったりしたことがあれば，企業側はあなたに好印象を抱くはずです。

　ソフトを使いこなせることも，別の種類のハードスキルのひとつです。私
たちは，Microsoft の Office をマスターすることが，雇われるためにできな
ければならない唯一最高のことではないかと思っています。Mac のソフト
や，ネット上で入手できるオープンソースの無料ソフト（たとえば，
OpenOffice），あるいは手計算や算盤のほうが好きな人もいるかもしれませ
ん。しかし，ほとんどすべての職場では，Microsoft の Office が使われてい
ます。たいていの学生は，Word や PowerPoint にはとりあえず慣れている
でしょうし，なかには Excel をひととおり使える人もいるでしょう。
Access を使ったことがある人もいるでしょう。皮肉なことに，研究経験が
豊富な学生はしばしば，Office よりもはるかに便利なソフトを使いこなせる
のですが，SPSS や E-Prime，R などを使っている職場はほとんどありませ
ん。あなたの大学でも，Microsoft の Office のための授業やワークショップ
を提供しているでしょう。ない場合は，たいていのコミュニティ・カレッジ
で提供されているので，夏期講習や夜間講習に参加すれば，売り物になるス
キルが獲得できると同時に，業績調書におけるひとつの輝かしい項目となる
でしょう。

┃自分が楽しいと思える仕事を見つけよう ────────

　楽しいと思える仕事を見つけるには，ある程度の時間が必要です。なかに
は，大学生活を始めた時点で自分が何をしたいかがすでにわかっていて，決
して脇道に逸れることのない人もいますが，そういう人は稀です。たいてい
の学生は，さまざまな選択肢や自分自身の資質について多くを学んでいくに
従って，気持ちが変化していくものです。私たちの経験では，たいていの心
理学専攻生は同じ地点からスタートするようです。すなわち心理臨床家や子
ども専門の臨床家，あるいは連続殺人犯の逮捕のためにＦＢＩに協力するプ

ロファイラーになりたがるものです。授業を履修し，心理学とはどのような学問領域であるかがもっとわかれば，学生の職業上の興味関心は広がり，展開します。多くの学生が人に関わる仕事に興味関心を抱き続けますが，臨床心理学の分野で博士号を取得するよりも，もっと広い範囲の選択肢を視野に入れるようになります。つまり，大学の教員や研究職に魅力を感じる人もいれば，心理学の実践的応用分野に魅力を感じる人もいるのです。

　さらに，言うまでもないことですが，心理学という学問領域の外側へ向かう進路を選ぶ学生も大勢います。学生はしばしば自分の専攻と深く関連する職業には就けないのではないかと思い悩みます。しかしながら，それはとんでもない考え違いです。望んだ職業の正式名称が，あなたの学位記に印刷されていることとキーワードを共有しているかどうかは問題ではありません。「今の仕事は気に入っているけど，大学で専攻した学問領域とは関係ないので仕事を辞めなければならない」などとは誰も言いません。それと同様に，「今の仕事は好きではないけど，自分の専攻と関連が深いので辞めるわけにはいかない」といった声も聞いたことがありません。あなたが目指すべきことは，自分が楽しいと思える仕事を見つけて，どのような利用価値があるにせよ，それに基づいて人生という限られた時間に意義を見出すことなのです。

　大学の専攻には領域の狭いものがあります。たとえば，石油工学や会計学，森林管理といった領域の学位があれば，石油，所得税の確定申告，林業などにまつわる職業に就くことになるでしょう。他方で領域の広い専攻もあります。人文社会科学領域の学位があれば，たいていの場合，広範囲に及ぶ知識とスキルを学んでいるはずです。そのことのメリットは，職業上の非常に幅広い選択肢をもたらしているということですが，反面，多くの選択肢を持つこと自体，学位に基づいたある特定の仕事に絞り込むことができないというデメリットにもなるのです。それは同時に，あらゆる専攻の学生があらゆる業種の職業に広く散らばっていくことにもなります。石油工学技術者や会計士，そして郊外の森林監督官の資格を持っている人でさえ，専攻とは異なる職業に就くことが可能なのです。

第13章　ビジネスの世界について考える　*181*

◆　職業興味を幅広く探求する　◆

　仕事について考える際の目標は，どのような職業に就きたいかを考えることであって，その仕事が心理学を専攻したことと直接的に明確に結びつくかどうかは，必ずしも考える必要はありません。職業心理学の領域には，自分がどの分野の職業に就くのがふさわしいかを，詳しく調べる実践的な方法があります。職業興味に関する理論に従うなら，一歩離れて，少々抽象的に仕事について考えることから始めるのが肝心です。つまり，具体的な職業名の膨大なリストを綿密にチェックするのではなく，世の中にはどのような職種があるのかをまずは大づかみに把握することが有効です。たとえば，Holland（1997, 1999）による RIASEC モデルでは，仕事内容と職場環境の種類に基づいて，職業が6種類のタイプに大別されています。**職業興味**は人それぞれですので，その人の職種観が職業興味に反映されます。RIASEC モデルによるカテゴリーを表13-1に示します。じっくりと目を通して，それぞれについて思いをめぐらせてみてください。他のものより心に響くものはありますか，際立っているものはありますか，とてもやっていられないと思えるものはありますか。

　心理学を専攻しているのであれば，たいていの人にとって対人的職業が魅力的であろうという印象があります。これは心理臨床からソーシャルワーク，あるいはリハビリテーションに至るまで，臨床業務，相談業務の領域であると同時に，教えたり助言したりすることを含む職域です。仮に対人的職業に魅力を感じなかったとしても，焦るべきではありません。なぜなら，私たちは，ものに関わる仕事（即物的職業）を望んだり，学術的な研究職（探求的職業）に進んだり，さらには芸術家や美術教師，グラフィックデザイナー（芸術的職業）になりたかったり，起業，販売，非営利団体立ち上げのために資金集め（企業的職業）をしたり，金融や法律，経営など広範にわたる職業（慣習的職業）に就いたりする心理学専攻生を多く見てきたからです。

　職業興味がどのようにして生まれるかは複雑ですが（Silvia, 2006），研究か

182

表13-1　Holland による RIASEC 職業カテゴリー

RIASEC

　6種類の職種の頭文字を並べたものです。このモデルは，大局的な観点から職業世界を詳しく理解するための有効な方法です。

REALISTIC（即物的職業）

　即物的職業とは，「もの」に関わる仕事です。こうした職業に就いている人は，手や道具，機械，装置，そして動物を用いて仕事をすることを楽しんでいます。要するに，手を使った実践的な仕事です。

INVESTIGATIVE（探求的職業）

　探求的職業とは，頭を使う仕事です。こうした職業に就いている人は，知ることや読むことを楽しみます。好奇心が旺盛で，新しいことを知ることを楽しむのですが，それは，知りえたことが実用的だからという理由からでは必ずしもなく，むしろ，自分自身のために楽しんでいるのです。学究的，科学的，学問的な職業です。

ARTISTIC（芸術的職業）

　芸術的職業とは，自己表現や想像力に関する仕事です。こうした職業の人は，体系化されてルールに縛られた組織的な課題よりもむしろ，独創性や先進性が求められる，体系化されていない課題やプロジェクトに基づいて働くことを好みます。要するに，クリエイティブな仕事です。

SOCIAL（対人的職業）

　対人的職業とは，人と関わる仕事です。この職業に就いている人は，自分自身を人と打ち解けて社交的に振舞うスキルに長けていると見なしているため，他者に対して教えることや指導すること，相談にのること，育て上げること，導くことなどを楽しむことができます。つまり，対人援助職です。

ENTERPRISING（企業的職業）

　企業の職業とは，人に影響を及ぼす仕事です。こうした職業に就いている人は，他者を誘導したり，管理したり，働きかけたりします（たとえば，販売やロビー活動，資金集め，組織作りなどです）。

CONVENTIONAL（慣習的職業）

　慣習的職業とは，組織や過程，そしてデータに関わる仕事です。この職業に就いている人は，ルールや標準的な実践に則った，はっきりとした課題に従事することを好みます。組織的で規則正しい仕事です。

(Holland, 1997, 1999および Rounds & Day, 1999を改変)

らは２つの大きな要因があることが示されています。ひとつはパーソナリティです。人々は，自分のパーソナリティ特性にぴったり合う職業カテゴリーに魅力を感じるものです（Larson et al., 2002）。たとえば，開放性が高い人は，企業的職業や芸術的職業に惹かれ，そこで好奇心旺盛で独創的になることができます。外向性が高い人は，対人的職業や企業的職業に惹かれ，人と関わったり相手に影響を与えたりすることが可能です。また，誠実性の高い人は，企業的職業や慣習的職業に惹かれ，体系化された規則正しい課題に取り組むことができるのです。

　２つめの要因は自己効力感です（Lent et al., 1994）。誰しも，自分に実行可能だと感じられる職業カテゴリーに魅力を感じるものです。あるカテゴリーにおける自己効力感の高まり，たとえば説明やワークショップ，手作業の経験などを通して自己効力感が高まると，そのカテゴリーの職業をもっと突き詰めようという意欲が高まります（たとえば，Luzzo et al., 1999）。このことは，教室の外で学ぶもうひとつの理由にもなります。たとえば，あなたが魅力を感じつつも，それを行うには能力が足りないと思う職業があったとします。最も伝統的な授業においては，あなたのスキルを確かめる機会が与えられることはありませんが，学内のさまざまなグループや専門的な学会に参加したり，その領域における研究経験を積んだり，学会で他の人とつながったりすることで，その領域で自分が成長できるかどうかを見極められるようになるのです。

◆　特定の職業を詳しく調べる　◆

　職業興味を大づかみに把握できたら，特定の職業に目を向けることが可能になります。インターネットは職業を詳しく調べるための情報源の宝庫ですが，ある特定の情報が最初のステップになります。Appleby（2015）は心理学専攻生のために職業選択リソースを作ったのですが，そこには300近い職業が，追加情報のためのリンクとともに網羅されています。心理学教育学会によって提供されているので（URL は現在のところ，http://www.teachpsych.org/page-1603066），大まかな職業興味を考えたのち，そのリストを閲覧

し，興味をそそられる職業をさらに調べてみてください。1回見ただけで意思を固めることはないでしょうし，そうすべきでもありませんが，それまで思ってもみなかった選択肢が示唆されることでしょう。

また，あなたが興味を持つ，地元の企業やNPO法人のインターンシップを探すこともできます。特に夏休みの間，アルバイトをする必要がない恵まれた立場にあるのなら，インターンシップは，あなたが関心を持つ領域において経験を積むための絶好の機会となります。大学によっては，学部がインターンシップの機会を提供しているところもありますが，たいていは学生がインターンシップを受けられるように支援してくれる，キャリア支援センターがあります。これは優秀な心理学専攻生にとって有益となるような同窓会や学内のさまざまなグループ，Psi Chi などを含む場でもあります。誰かがインターンシップを終了して有給の職業に移行すれば，その人は，あなたが仕事を探すうえで頼り甲斐のある人脈となるのです。

■ まとめ

あなたは今後，理想とする職業に応募することになるでしょうが，現時点ではまだそれに向けてトレーニング中の身です。労働市場は心理学専攻生にとっては厳しいものなので，生き残るためには今できることをする必要があります。授業はとても大切ですが，授業をたくさん履修したことを証明できる10万人以上の人がひしめく世界においては，それだけでは決して十分とは言えません。教室外での活動，すなわち，学内のさまざまなグループへの参加や運営，学会参加，最前線の研究への取り組みなどによって，あなたの興味関心を明確にして，つながりをもたらし，さらには，労働市場で自分の強みとなるスキルを身につけるチャンスを手に入れることができるのです。

あらゆる生き方が大学院から恩恵を受けるわけではありませんので，何が何でも大学院に行かなければならないとか，大学院を志望するべきだなどと考えてはいけません。しかし，大学院進学を希望する人には，いつか道が開けるよう私たちは応援します。いずれ大学院で何らかのトレーニングを受け

ることになる心理学専攻生の数は，年々増加傾向です。大学院修了者の職業は報酬も悪くありません。大学院の学位を得ることで，心理学専攻生の給料は平均して33％高くなります（Carnevale et al., 2015）。そうした理由から，次章では神秘に満ちた大学院について検討してみることにします。

第14章

大学院について理解する[†1]

　学生にアドバイスする際，私たちはしばしば，ちょっとしたアイスブレイクから始めます。たとえば，大学に入学して何年になりますか，最も好きな科目は何ですか，大学卒業後に自分は何をしていると思いますか，などです。最後の問いかけには，「大学院に行きたいです」と，反射的に即答されることが多々あります。この答えは大学教員の好奇心を間違いなく刺激しますので，私たちは必然的に次のような質問を畳みかけることになります。すなわち，大学院で何を勉強したいのですか，あなたが出願したいのは文系修士ですか，それとも博士課程ですか，将来の指導教員になるかもしれない先生に連絡を取ることを考えましたか（研究室訪問について考えたことはあるか）と。そうすると，たいていの答えは次のようなものです。「わかりません，どうしたらいいのでしょうか」。

　多くの学生にとって大学院というところは，学部学生が最終ステージで探求する最高の目標地点ですが，実際にはほとんどの人がしっかりとは理解できていません。本章では大学院とは何かを説明し，大学院教育を受けるうえでのさまざまな選択肢を検討します。そして大学院とは実際にはどのようなところであるかを考えながら，知りたくてもなかなか尋ねることができないような質問に対して，すべてお答えしましょう。

[†1]　本章においては，我が国の事情とは大いに異なる内容が含まれていることをお断りしておきたい。

■ えっ?! まだ学校に通うの？

　数えきれないほどの期末レポートに定期試験，朝8時に始まる授業，おやじギャグを言っては自分で笑っている教授陣に4年間も苦しめられてきたのに，そのうえ，まだ学校に通おうと覚悟を決めている自分自身を見つけるにつけ，気が滅入ってくるかもしれません。まだ学校に通うつもりですか。このひどい仕打ちは一体何なのでしょうか。

　ところで，どんな人が大学院へ行くのでしょう。心理学専攻生の半数弱くらいの人が大学院に進学します。最近の統計では，学部で心理学を専攻した人の46％が，大学院で何らかの学位を取得していることが示されています（Carnevale et al., 2015）。しかも，多くの心理学専攻生は，心理学以外の学問領域を専攻する大学院に進んでいるのです。少しだけ例を挙げれば，医学，法学，社会福祉（ソーシャルワーク），カウンセリング，学校心理学，遺伝カウンセリング，公共政策，教育，産業界などです。心理学を専攻している学生は，人間の行動に関する知識を身につけていることや，心理統計や研究計画法についての厳しいトレーニング受けてきたことによって，そうした領域における理想的な候補生になりえますし，私たちの経験では，実際に彼らは抜きん出ています。しかしながら，そうした領域における教育プログラムは，私たちの専門的なノウハウの守備範囲外のものなので，さらに学びたければ，そうした領域の教員に連絡をとったり，入試課のオフィスに連絡したりする必要があります。

　一方，私たちは大学院における心理学教育については**間違いなく多くのこと**を知っています。心理学という学問領域にとどまるために，23％の人が続けて大学院教育を受けていますが，受験する人はもっと大勢います。大学院進学を志望する人の動機はどういったものでしょうか。いくつかの例を見てみましょう。

　● 学部レベルを超えて，もっと専門的なことを学びたいと思っている。

学部を卒業すること自体，知識の幅広さをもたらすが，大学院では，たとえば，臨床的なトレーニングや高度な研究計画法などのスキルがさらに高まる。

- 学歴が高ければ，就職先を見つけることもそれだけ容易になる。大学院を修了することで，さまざまな幅広い職種に応募することができるし，比較的少ない志願者との間で競合することになる。
- 企業側も，高学歴の人を採用し賃金を払おうとする。大学院に進めば，難しい仕事に従事する資格がある人材だと見なされる。
- 高学歴であれば，それだけ高収入の職業に就くことが可能になる。大学院に進んだ心理学専攻生の場合，平均で33％収入が多くなる(Carnevale et al., 2015)。
- ものごとをより深く学ぶことは，知的な満足をもたらしてくれる。

　もちろん，大学院に進学する理由として，あまり好ましくないものもあります。

- 人生においてやりたいことがわからない。
- 友だちがみんな大学院を志願するので，自分もそうしなければと思っているだけ。
- 恋人が大学院に進学するので，自分も同じ大学院に行きたいと思う。
- 大学院に入れば，人生において何をやりたいかがわかるまで，奨学金返済を先延ばしできる。

　陳腐に聞こえるかもしれませんが，最もふさわしい理由は，心理学が好きだから行く，というものです。心理学を勉強すること，そして心理学を志すことがとにかく楽しくて，だからもっと学びたいという素朴な理由です。

第14章　大学院について理解する　*189*

博士課程，修士課程，心理学博士，臨床系，実験系，さあ，どうしましょう

　大学院に関する専門用語が初学者を混乱させることはわかっていますが，だからといってそれを使わないわけにはいきません。そこで，段差をなくして均等な機会を提供する試みとして，ここでは，あなたが知っておくべき大まかな概要を述べることにします。

　多くの学生にとって大学院に進学する最初の一歩は，修士課程ですが（典型的には文学修士号〈MA〉ですが，科学修士号〈MS〉も次第に増えてきました），通常は２年間在籍します。内容は，講義を受講することと指導を受けながら研究を行うことの両方で，自身の研究をまとめた正式な文書，すなわち修士論文を書いて，最終的にそれを発表することによって修士課程を修了します。

　一方，博士課程まである大学院においては，修士課程は最終的な博士号を目指すうえで越えなければならないハードルです。これらは修士／博士一体型課程と呼ばれますが，それは修士号取得のためだけに出願することができないからです。この修士／博士一体型課程は，あなたがゆくゆくは博士号を取得することを期待して入学を許可しますが，その途中でまずは修士号を取得することになるのです。それ以外の課程では修士号が**最終目的**となりますが，最終目的とあえて呼ぶのは，修士号を取得したらその大学院から出て行かなければならないという意味です。最終目的としての修士号を授与する大学院では，博士号までは出さないことが一般的です。最終目的としての修士課程のコースに属している学生は，修士号を取得した後は別の大学の博士課程に出願することがしばしばです。

　修士／博士一体型ではない修士課程は，多くの学生にとって価値のある選択肢ですので，少なくとも考えてはみなさいと勧めています。そうした修士課程に特にふさわしい学生は，以下のような人たちです。

- 博士号を取得するのに必要な時間をまだ確保できていない。
- 博士号は欲しいが，どの領域や分野に焦点を当てるべきかがはっきりしていない。
- 博士号取得に向けてもっと力をつけるためにスキルを磨く必要がある。
- 出願に際して弱点（たとえば，研究体験が足りない，大学院進学適性試験〈GRE〉の得点が低いなど）があって，挽回する必要がある。
- 職業選択上の目標に，修士号だけが必要とされている。

　もし修士号を持っているなら，通常はそのまま博士課程に出願できます。たいていの場合，修士課程から博士課程のどの講座に移行できるかを交渉できるシステムが適切に機能しています。博士課程は大学院生に，その課程のなかで重要なトレーニングを受けることをしばしば求めているため，すべての講座から別の講座に移行できるわけではありません。たとえば，統計学講座から他の講座へ移行できないのは共通していることです。修士号を持っていても，博士課程全体がせいぜい1年間ほど短くなる程度です。

　修士／博士一体型課程では，出願時に修士号をすでに取得していることを条件にしないのが一般的です。たいていの場合，学部生の段階でそのまま出願することができます。したがって応募者総数は，学士課程の最終学年にあたる学部生と，1年間浪人して出願しようとしている人，そして博士課程に向けて勉強を続けようとしている修士課程の学生の合計になります。

　どのような学位が自分にふさわしいかを検討する際には，実際にどのような領域を勉強するかを決定することが重要です。多くの心理学専攻生は心理臨床家になりたがっていて，そのためには臨床心理学の分野で博士号をとることが最良の方法だと思い込んでいるようです。これは確かにひとつの方法であり，研究業績を積むことに専念して，それに基づく意思決定を行うのであれば，それがあなたにふさわしいコースになりうるでしょう。しかし，研究を続けないのであれば，研究の要素を含まない臨床的なスキルを向上させる専門職としての学位，すなわち心理学博士に向けて臨床実践に邁進するこ

とも，ひとつの選択肢となりえます。

　臨床的なトレーニングに従事せず，あくまでも研究に専念したい人は，実験系のコースに関心を持つでしょう。**実験系**とは，臨床以外のすべての研究コースを指す包括的で便利な呼び方であると知っておくべきですが，他の学科が実験系という呼び名を違う意味で使っていることもありえます（**一般心理学**という呼び方もよくある）。実験系の講座には，古くからある中核的な心理学のバリエーション，たとえば社会心理学，認知心理学，発達心理学，生物学的心理学，健康心理学，量的心理学などの下位分野が含まれています。

▋どうやって出願するのか

　大学院への出願は，これまであなたが行ってきた他の出願と大きく違いません。出願に際しては，他の場合と同様，年齢，性別，住所などの人口統計学的情報や，GPA を含めた成績証明書が求められます。しかし，他の場合と決定的に異なる点もいくつかあって，それらによって誰が入学を許可され，誰が許可されないかが決定されます。すなわち GRE（大学院進学適性試験）得点や，業績調書，志望理由書，研究計画書，研究指導者との適合性，推薦書などが重要になるのです。

　大学院への出願では GRE がたいてい求められます。あらゆる学問領域の一般的な意味での入学試験は，口述部門（口述試験），量的部門（客観試験），そして分析的記述部門（論述試験）からなっています。これらの試験は，小手先のテクニックでは身につかない中核的な知識やスキルを調べるものですが，ほとんどの学生はそれらの準備のために，抜け目なく多くの時間とエネルギーを費やします。一方の GRE 得点とは，入学試験委員会があらかじめ知ることのできる唯一の情報ですが，それは標準化されたものですから，すべての志願者が対等に扱われるということを念頭に置くことが重要です。志願者はそれぞれ異なる大学に通い，異なる授業を履修してきているわけですから，GPA にはあなたが期待するほど大きな意義があるわけではあ

りません。しかしながら，GRE の方は，すべての志願者が受験するものです。他のものよりも GRE が重視されているのは，それが，異なるバックグラウンドを持つ志願者を直接比較することのできる唯一の手段だからです。ある種の学問領域においては，心理学でいえば GRE 心理学専門試験として知られるような，特別な試験を行う場合もあります。志願者にそうした専門試験を受けさせる大学院は多くはありませんが，大学院によっては，ある特定の領域への志願者だけにそれを受けさせるところもあります（たとえば，臨床系に進みたい志願者だけにそれを求めるなど）。

　志望理由書は，あなたの経験や専門的知識，出願動機などが，どのような理由から大学院教育を受けるにふさわしいかについて，入学試験委員会に向けて説明するための手段です。これは，あなたが何年にもわたって身につけてきたスキルがどのようなものであるかを説明し，それゆえ，どれほど個性的な志願者であるかをアピールする貴重なチャンスとなります。よくできた志望理由書は，あなたがその領域で勉強したいのはなぜか，これまでどのような有益なトレーニングを受けてきたのか，さらに何を学ぼうと希望しているのかを説明できるでしょう。これは矛盾するように聞こえるかもしれませんが，志望理由書は，あまりにも「個人的な（パーソナルな）もの」に仕上げるべきではありません。第12章でも述べたとおり，私たちはこれを**専門家の声明文**と言い換えたいと思っているのですが，それは，志望理由書とはあなたの専門的な能力と目標を書くべきものであり，個人的な心の深奥を吐露するものではないからです。

　さらに，すべてではないにしても，多くの大学院では**研究計画書**と呼ばれる追加書類も求められます。これは，あなたが関心を持つ研究領域に焦点を絞り，当核教員の研究指導計画にとって，どのような理由からあなたがふさわしい存在であるのか，ということを明確に説明できるものでなければなりません。多くの学生は，自分が指導を仰ぎたい教員の研究内容について熟知し，慎重に検討したことをアピールするための絶好のチャンスとして，この研究計画書を活用するのです。ただし，これはしばしば，学びたいことは何なのかを詳細に主張するべきかどうかについての諸刃の剣になりえます。す

なわち，助言を受けることになるかもしれない教員が，あなたと同様のテーマをしっかりと探求したいと思っている場合には，詳細に言及することが役立つでしょう。反面，あなたの興味関心と十分に一致しない教員とは，詳細に主張することによって一緒に研究する機会が得られなくなる可能性もあるからです。

　誰に指導を受けたいかについて，はっきり表明することが求められるときもあります（出願書類に，これについて記入する欄があったり，学生のなかには，自分の研究計画書で明確に言及する人もいたりする）。これは極めて重大な決断です。というのも，あなたの大学院受験の合否に関する最終決定を下し，入学後のキャリアに最も重要な影響を及ぼすのは，この人物であることがしばしばだからです。出願する前に，指導を受けることになるかもしれない人に非公式にコンタクトを取ること（たとえば，メールを送る，学会会場などで面会を求めるなど）は，まったく問題なく許されることであり，賢明な戦略と見なされます。すべての教員が毎年学生を受け持つとは限りません。ホームページなどで，学生を受け持つ予定があるかどうかに言及することが，次第に一般的になりつつあるとはいえ，多くの場合まだそこまで至っていません。それについて知りたければ，いつでもメールを送って良いのです。

　最後に，大学院への出願に際しては推薦書が求められますが，典型的には３通かそれ以上が必要です。これはあくまでも専門的，学術的な推薦書であるため，大学関係者や教員が書くべきもので，雇用主や親族，政治家，教会関係者からのものではいけません。最も効果的な推薦書は，あなたのことをよく知っている大学教員からのものです。あなたは研究プロジェクトのなかで教員と直接関わってきたわけですから，そうした教員は，あなたの学問的な興味関心や研究を進めるうえでの資質，創造性，専門性，協調性，そして大学院でやっていく全般的な能力について証言できるでしょう。相対的に言って説得力の乏しい推薦書は，あなたが授業を受講したことがあるだけの教員によるもので，そのような教員があなたについて知っていることと言えば，あなたの成績だけでしょう。推薦書を書くことに難色を示す教員はたい

ていそう言ってくれるでしょうが，直接尋ねてみることは自由です（あるい
は，書きたがらない人には頼まなければいいのです）。

　非公式にコンタクトをとった後，運が良ければ面接を受けることになるで
しょう。メールや電話，テレビ電話，あるいは直接会うかたちで行われま
す。面接を受けるということは，あなたが入学試験委員会や指導を受けるか
もしれない教員に対して，あなたが一定以上の優秀さを備えた人物であると
納得させることに成功したことを意味しています。しかし誤解があってはい
けませんが，少数精鋭の志願者たちとの競争のスタートラインに立っただけ
のことです。面接は，「買うこと」と「売ること」をめぐって行われます。
すなわち，入学するべきかどうかを見極めるために，そこの大学院について
学ぶチャンスを手に入れたわけですが，しかし同時に，あなたは自分が一人
前の候補者であるということを面接担当者に納得させなければならないので
す。まず，うまい「買い手」は，大学院や学科，指導方法（たとえば，研究
に専念する人を求めているのか，比較的自由に伸び伸びやれる人を求めてい
るのか）について大切な質問をします。さらには，大学院生にとって大学院
生活とはどのようなものか（もし可能なら，そのように単刀直入に尋ねてみ
てください），研究室はどのような構成になっているか，奨学金制度はどの
ようなものが利用できるか，カリキュラムはどうなっているか，研究室の内
外でどのような責任を果たすべきかなどを尋ねます。反面，「売り手」とし
ては，指導者となる可能性のある教員の研究をすでに熟知していますので，
他の大学院生の研究計画について尋ねたり，興味関心を持っている領域につ
いての専門的な会話ができたり，専門性の高い向学心旺盛な興味深い存在，
あるいは，何年間かかけて育て上げたいと思わせる存在である，といった印
象を与えることができたりするのです。

　ここまで来たところで，経済的支援に触れるのがふさわしいでしょう。多
くの大学院において，奨学金や授業料免除の制度があります。奨学金を受け
るためには，何がしかの活動を行うことが前提になっているのですが，通
常，大学院でのトレーニングに有益な活動に従事するというかたちをとって
います。たとえば，ティーチング・アシスタントや，学生指導の補助という

活動があります。大学院生への経済的支援が指導教員の研究費から賄われる場合には，すでに計画されている研究に従事することが求められており，その研究費から支給を受けるわけです。したがって奨学金が支給される場合，多くの大学院では，学外での仕事が制限されるということを忘れないでください。なぜなら，あなたの研究活動がフルタイムで行われることが期待されているからで，学外での一時雇用やアルバイトのための時間を持つべきではない，という意味です。さらに授業料免除についても詳しく調べる必要があります。あなたが優秀な成果を上げ続けている間はずっと，授業料が免除されることがしばしばありますが，それには多くの形式があります（たとえば州外出身者だけに適応されて，州内出身者は対象外になるなど）。ですから，申し込む前にしっかりと確かめるべきです。学費のすべて，あるいはほとんどを賄ってくれる奨学金を利用できるということは，大学院を探すうえでの地理的条件を地元に限定する必要がないことを意味しています。奨学金制度を提供している大学院の多くは，大学院生の出身地がどこであるかを問わず支給してくれますし，州立大学でさえも，学部の授業料は州内出身者のほうが州外出身者よりも安いのが一般的ですが，大学院生に対してはさまざまな方法を模索しています。

　ほとんどすべての心理学研究科では（結局すべての学問領域がそうなのだが），大学院志願者は4月15日までに入学するかどうかを決断すれば良いという規則に従っているため，それよりも早く急がされることはありません。一般的には，入学の意志が100％であることをできるだけ早く大学側に伝えなければなりません。4月15日よりも前に入学を辞退すれば，他の候補者に入学できる可能性を譲ることになります。したがって，唯一のチャンスをつかんだら決して手離さないことが重要です。どこかの時点で，2つ目の入学許可を受けたなら，2つのうちのどちらが自分にふさわしいかを決定しなければなりません。複数の大学院を受験する有能な候補者なら，入学許可が出るたびに何度もこのプロセスをたどらなければなりませんが，入学機会を譲ることで他の多くの志願者に対して恩恵をもたらすことにもなるのです。

大学院で何をするのか

　心理学専攻の大学院には，学部時代との共通点はほとんどありません。もちろん，大学院でも授業をとることになりますが，学部時代ほど多くはありません。たとえば，博士課程のカリキュラムにおいては，学年が上がるに従って，ほとんど授業をとらなくても良いようになっています。わずかな例外を除けば，大学院におけるすべての授業は専攻している心理学の専門科目です。また，すべての授業は学部レベルよりもはるかに専門的な内容ですから，それだけ主体的な出席が期待されています。たとえば，大学院の授業には，従うべき正式な出席方針というものがほとんどありません。というのも，すべての大学院生が毎回の授業に必ず出席し，すべての課題を期限までに提出し，そして指定された文献をすべて常に読んでいるということが，当然のように想定されているからです。あなたも大学院に入れば日常的に文献を読むことになるでしょう。何千ページもの文献を読み，そして何百ページもの提出課題を書くのです。また，学部時代に履修した初心者向けの心理統計の授業を懐かしく思い起こさせるような，高度な心理統計や研究計画法の授業をとることにもなるでしょう。

　臨床系の大学院であれば，臨床的な介入やアセスメントについての授業を履修し，トレーニングに多くの時間を費やすことになりますし，クライエントに対して効果的に，そして適切に関わる方法についてのスーパービジョンを受けることにもなるでしょう。カウンセリング系の大学院でも同様に，カウンセリングのスキル習得のためにトレーニングを受けます。こうしたことは，集中的に行われる時間のかかるプロセスなのです。そして，地元の地域から来談したクライエントに支援を行うわけですから，専門家として振舞うことが不可欠になります。臨床系やカウンセリング系の多くの大学院生は，そうした臨床的なトレーニングと大学院での他の活動との間で，バランスをとることがなかなか難しいと感じていますが，うまくやりこなせる大学院生はどうすれば良いかをしっかりと理解しています。

第14章　大学院について理解する　*197*

　臨床系やカウンセリング系であれ，あるいは実験系であれ，大学院生活におけるほとんどの時間は研究のために費やされるべきです。研究室によっては，あなたの興味関心をメンターの興味関心に結びつけるような，今までにない独創的な研究に取り組まなければならないところがあります。そうすることで，あなたは研究を遂行し，その結果を発信する準備（たとえば，学会発表や論文執筆）の仕方を学ぶことになるのです。また，すでに着手されている研究プロジェクトに貢献するなかで，決められた役割をしっかりと果たすことが求められる研究室もあります。あらゆる研究は試練を伴いますので，多くの文献を読み，メンターとじっくり議論を交わすことが期待されています。興味深い，学問的に妥当な研究課題を見定めきれないうちは，出発点でつまずくこともあるかもしれません。

　多くの大学院生は学部の授業のティーチング・アシスタントになる機会を得られますが，その役割は，小テストの採点を行う，試験問題を作る，あるいは教室で1コマ分の講義をするなどさまざまです。専門分野を教えるスキルのほとんどは，ティーチング・アシスタントとしての経験から身につくものですが，大学院によっては，上級の大学院生が自分で授業を持つ機会が与えられるところもあります。それと関連して，多くの大学院生は学部生に対するメンター，すなわち授業の一部を担う役割だったり，研究室のメンバーのなかで経験豊富な存在だったりします。

　また，大学院生は，大学院における学問的，文化的，そして社会的活動に参加することが求められます。研究棟にはしばしば院生室があり，彼らはそこで活動することが期待されています。多くの大学が外部からの話題提供者を招いて，学術的な講話を行ってもらうことを計画しますが，これはしばしば，高い志からトレーニングを受けている大学院生によって企画，運営されます。こうした招待客が昼食時などに，大学院生だけと交流する時間を割り当てられることも珍しくありません。また，大学院生が大学の交流イベントに参加し，大学院の全般的な生活のなかで活動的な一員になることも重要なのです。

　最後に，大学院生は自分自身を楽しめなければなりません。ほとんどの時

間を勉強や思索に費やすことにワクワクすることができそうになければ，大学院進学を考え直す必要があるでしょう。トレーニングは大学院生活において何よりも優先されるべきものですが，とはいえ院生同士の交流会や食事会，映画鑑賞，野球観戦などの時間を作ることも大切なのです。あなたの人生のなかで最も充実した時期のひとつが，大学院時代でありますように。

■ よくあるいくつかの質問

　本章を締めくくるにあたって，学部生から尋ねられる，よくある質問に答えることにしましょう。

　【学部時代と大学院時代との間に，休憩期間（ブランクとなる充電期間）を持つべきでしょうか】

　これはまさにあなた次第なのですが，ここではいくつかの点について考えてみます。本当に大学院に行くつもりであれば，学問から離れてただのんびりするための時間があってはなりません。もし休憩期間が1年未満，あるいはそれ以上であっても，その間に関連の深い経験を積んでいるのであれば，たいていの入学試験委員会は悪くは思いません。臨床系の大学院であれば，臨床系の研究室で1～2年働くことは，研究スキルを身につけるうえで素晴らしい方法と見なされますし，実際に多くの大学院がそれを求めています。一方，実験系の大学院では，スキルを高め経験を積むような何かをしたのであれば，休憩期間によってあなたが不利になることはありません。しかし，ただ単に休憩期間が欲しいのであれば，そうした衝動を抑える必要があります。休憩期間をとることは，お金とエネルギー，そしてGREにしっかり準備して，入念な志望理由書を作り上げる時間を学生にもたらすことになります。反面，多くの学生がそうしたことに時間を費やしたがる傾向はあるものの，結局のところ，飲食店での気が滅入るような長時間のアルバイトに身をやつすだけに終わってしまいます。休憩期間をとりたいと思う理由について，自分自身に正直であるべきです。そして，それについて助言者に相談してみてください。

【出願期限はいつですか】

これは大学院によってさまざまですが，早いところでは入試前年の12月1日が期限です。

【GRE をいつ頃受けるべきでしょうか】

GRE 得点の有効期限が5年間なので，あまりにも早い段階では受けることができません。よくある戦略は，出願前の夏休みを準備のために利用し，夏の終わりか秋の初め，あるいは出願期限の数カ月前に受けるというやり方です。

【GRE は何度も受けるべきでしょうか】

ほとんどの大学院は複数の GRE 得点を受け付けており，たいていの場合，過去5年間のそれぞれのサブ・テストからの最も高い得点が指標と見なされます。その前に心得ていてほしいのは，GRE は受験料が高額であることと，優秀な学生のほとんどは最初の受験で十分な得点がとれているということです。そして残念なのが，多くの受験生が意味のない受験戦略をとっていることです。すなわち，最初に準備なしの丸腰の状態で受験し，その初回の得点を，次回の受験に向けてどの程度準備したらよいかを見極めるための基準にしているのです。見通しのない希望は戦略とは呼べません。

【GRE 心理学専門試験は受けるべきでしょうか】

大学院によっては，志願者に対して GRE 心理学専門試験の得点の提出を求めるところがあります。GRE 心理学専門試験とは，心理学の主要領域を概観して，学部生としてどれほど学んできたかを測るための多肢選択式テストのことです。志望する大学院のうち，1校でもそれが求められているのであれば受ける必要がありますが，そうでなければ受けなくてもかまいません。

【GRE 対策講座を受講する必要がありますか】

大手受験産業による GRE 対策講座のカラフルなポスターを見たことがあるでしょう。そうした講座は確かに役に立ちますが，法外なほど受講料が高額です。他にも多くの選択肢があるはずです。多くの大学でリーズナブルな受講料で受けられる対策講座がありますので，あなたの大学や地元のコミュ

ニティ・カレッジを調べてみてください。また，GRE 対策テキストからも多くのことが学べるでしょう。私たちの経験では，そうした講座の最大の意義は責任感とプレッシャーにあります。1 冊の書物を通読できるほどの勤勉で克己心のある学生は，毎週の講座において対策テキストから多くのことを学べるでしょう。しかし，たいていの学生は，対策テキストを買いはするものの十分に活用しきれていないのです。

【どれくらいの数の大学院に出願するべきでしょうか】

レベルの高い大学院に合格できる可能性と，出願する際の受験料とのバランスを考えたいはずです。一般的には，臨床系の大学院を志望する人は10～15校，実験系の修士／博士一体型課程では 8 ～12校，修士／博士一体型ではない修士課程では 3 ～ 6 校を受験すべきでしょう。合格基準が比較的緩やかで入学できる可能性が高い数校を受験することが，賢明な方略となるでしょう。8 ～12校の修士／博士一体型課程とともに，数校の一体型ではない修士課程を受験し，リスクヘッジすることが賢明です。また，一体型ではない修士課程出願期限の前に，修士／博士一体型課程への競争のなかで，自分がどれほど通用するかを見極めることもできます。というのは，一体型ではない修士課程のなかには，一体型課程に合格できなかった優秀な志願者を入学させるために，春に二次募集をするところがしばしばあるからです。

【どこに出願するか決めるのを手伝ってくれる人はいますか】

そうした決定のために利用できる情報源はたくさんあります。組織としてのレベルでは，まずは APA のウェブサイトを見れば大学院について知ることができます。しかし，もっと個別のアプローチとしては，所属する大学の教員やメンター，（該当する人にとっては）大学院生に相談することをお勧めします。キャリア支援センターも有効でしょう。しかし，他の多くの場合と同様，所属する研究室が最も役立つ情報源でしょう。指導教員は地元の他大学院の魅力的な特徴について内部情報を持っていたり，個人的な接点があったりしますので，そこから始めることもお勧めできます。

【出願する前にメンターになるかもしれない人に接触してもよいですか】

もちろんです。場合によっては，そうすることで競争相手よりも優位に立

つことができるでしょう。なぜなら，教員は学生の出願を日頃から待ち望んでいるからです。接触を持つのであれば，送るメールは礼儀正しく，専門的な内容であるべきで，その教員が取り組んでいる研究内容に興味関心があることを，はっきりと伝える必要があります。優秀な学生は，そのメールに業績調書を添付します（第11章参照）。多くのメンターがひどくがっかりするのは，学生が論文の表題しか読んでいなかったり，メンター自身の研究とは関連の乏しい問題意識を示唆したりしていることが明らかな場合です。今の指導教員にチェックしてもらえば適切なメールになりますし，それだけであなたにとっては有利になります。メールで失敗すると，相手にしてもらえなくなる可能性があります。

▌ まとめ

大学院というところは，ほとんどの学部生にとっては神秘に満ちたところのようです。本章では，大学院がどのようなところであるか，大学院で費やす時間がどのようなものであるか，そして，多くの心理学専攻生が最終的にはどうして大学院進学を目指すのか，などについて説明してきました。しかしながら，学生が抱く一般的な疑問のなかで最も重要なものは，**可能な限り競争力の強い出願をするためには何ができるのか**，ということです。私たちは３つの点を示唆しました。すなわち，まずは本書を読むこと。第二に，本書のアドバイスに従うこと。そうしたアドバイスは，過去50年近く，学部生を指導したり，さまざまな大学院の志願者について振り返ったりするなかで，私たちの間で共有されている経験に基づいています。そして第三に，各学期において助言者と出会い，上で述べた疑問を尋ねてみて彼らの助言に従うことです。スタートを切るのに遅過ぎるということは決してありません。今すぐ始めてください。

エピローグ

　統計によると，心理学者の友だちであるあなたは，十中八九，学部を卒業するでしょう。卒業式の日はまだ先かもしれませんが，あなたには良いことが待っています。卒業の日はうれしい瞬間です。遠方に住む親族がお祝いしてくれ（つまり，お祝い金を期待できる），家族は卒業式の日に地元から駆けつけてくれるでしょう（つまり，素敵なレストランで御馳走が食べられる）。そして，多くの人から，「それで，これから先どうするの？」と尋ねられるでしょう（つまり，軽蔑の眼差しを跳ねのけることができる）。何の不満があるのでしょう。

　しかしながら，卒業後の生活は，もの足りない気持ちにさせられる毎日でもあります。多くの卒業生は大学時代を懐かしく感じて，その頃に戻りたいと思います。そう，多くの卒業生が大学時代を懐かしむのです。また，そうあるべきでしょう。大学生活には，人と出会い，新しいことを学び，あなたの将来がどのように具体化していくかを探求することが含まれます。それとは対照的に，実社会での生活は，朝早く起床したり，納税申告書をまとめたり，洗濯乾燥機から忘れずに糸クズを取り除いたりしなければならないのです。そうした日常を通して，それまでとは異なる視点から自らの学生時代を追想し，もっと別な生き方をしておけば良かったのに，と嘆くことでしょう。

　昔の学生は，大学生活からは期待したほどには多くのものを得られなかった，と語ったものです。学生のなかには，単位を取りまくって早々と卒業したものの，結局のところ，定職にありつくための実践的なスキルは何も身についていないことに気づいて愕然とする，という人もいました。また，律儀に授業に出席し続けて優秀な成績を収めはしても，実地体験が豊富な人向けの求人には応募できずに砂を嚙む人もいました。そして，多くの学生が最終的に大学院に行きたいと決断し，生き残るためには研究体験が必要だったということにようやく気づくのですが，遅きに失するだけでした。

エピローグ　*203*

　しかし，研究に従事し過ぎたことを後悔しているとか，心理学の最前線で多大な時間を費やしてしまったとか，あまりにも多くの有益なスキルを身につけてしまったとか，専門的なつながりを作り過ぎたなどとは，誰一人言いませんでした。大学院に行こうが職業人としてのキャリアをスタートさせようが，いずれにせよ，学部時代はあなたにとって大学卒業後の人生に備える最後のチャンスなのです。学部時代は幼年時代のようなもの，つまりあなたが考えている以上にあっという間に過ぎてしまいますし，想像以上にお金がかかります。だからこそ，可能な限り多くのことを学んでほしいのです。

　大学では，最低限の必要条件を満たすことによって，心理学の学士号が授与されます。卒業するためには，最低限の履修単位数，異なる分野の最低限の科目数，そして最低限のGPAが必要になるだけです。それだけでいいのです。これまで卒業要件を，必要最低限のものとは考えてこなかったかもしれませんが，求められているのはそれだけなのです。研究に取り組むことや学会に参加すること，専門的な組織に参加すること，あるいは実地の研究機会を活用することなどは求められてはいません。しかしながら，研究上の専門的なスキルを身につけるためには，自分の専門性を発展させることに責任を負い，教室から飛び出して心理学の最前線に立つことが必要なのです。大学，学部，そして教員たちは，あなたにそこまでさせようとはしません。要するに，あなた次第なのです。だからこそ，始めるのです。卒業式の日，あなたは感謝したくなるでしょう。「それで，これから先どうするの？」という問いの答えを，あなた自身が見出せたことに。

付録：図書ガイド

　専門書の蔵書を増やし始めるのに，遅過ぎるということは決してありません。私たちの学生が役に立ったと述べている文献を紹介します。ほとんどすべてのものが入手可能で，しかも安価なペーパーバックや電子書籍です。

◆卒業後の人生◆

American Psychological Association. (2007). *Getting in: A step-by-step plan for gaining admission to graduate school in psychology* (2nd ed.). Washington, DC: Author.

Kuther, T.L., & Morgan, R. D. (2012). *Careers in psychology: Opportunities in a changing world* (4th ed.). Belmont, CA: Wadsworth.

Sternberg, R. J. (Ed.). (2017). *Career paths in psychology: Where your degree can take you* (3rd ed.). Washington, DC: American Psychological Association.

◆統計および研究方法◆

Cummings, G. (2012). *Understanding the new statistics: Effect sizes, confidence intervals, and meta-analysis.* New York, NY: Routledge.

Salkind, N. J. (2014). *Statistics for people who (think they) hate statistics* (5th ed.). Thousand Oaks, CA: Sage.

◆学術的な文章◆

American Psychological Association. (2010). *Publication manual of the American Psychological Association* (6th ed.). Washington, DC: Author.

［前田樹海・江藤裕之・田中建彦訳（2011）APA論文作成マニュアル　第2版　医学書院］

Hale, C. (2013). *Sin and syntax: How to craft wickedly effective prose* (Rev. ed.). New York, NY: Three Rivers Press.

Silvia, P. J. (2007). *How to write a lot: A practical guide to productive academic writing.* Washington, DC: American Psychological Association.

［高橋さきの訳（2015）できる研究者の論文生産術：どうすれば「たくさん」書けるのか　講談社］

Silvia, P. J. (2015). *Write it up: Practical strategies for writing and publishing journal articles*. Washington, DC: American Psychological Association.

［高橋さきの訳（2016）できる研究者の論文作成メソッド：書き上げるための実践ポイント　講談社］

Sternberg, R. J. (Ed.). (2000). *Guide to publishing in psychology journals*. Cambridge, England: Cambridge University Press.

Sternberg, R. J., & Sternberg, K. (2010). *The psychologist's companion: A guide to scientific writing for students and researchers* (5th ed.). Cambridge, England: Cambridge University Press.

Zinsser, W. (2006). *On writing well* (30th anniversary ed.). New York, NY: HarperCollins.

◆人前で話す◆

Feldman, D. B., & Silvia, P. J. (2010). *Public speaking for psychologists: A lighthearted guide to research presentations, job talks, and other opportunities to embarrass yourself*. Washington, DC: American Psychological Association.

Koegel, T. J. (2007). *The exceptional presenter: A proven formula to open up and own the room*. Austin, TX: Greenleaf.

Kosslyn, S. M. (2010). *Better PowerPoint: Quick fixes based on how your audience thinks*. New York, NY: Oxford University Press.

Reynolds, G. (2011). *Presentation Zen: Simple ideas on presentation design and delivery* (2nd ed.). Berkeley, CA: New Riders.

［熊谷小百合訳（2014）プレゼンテーション ZEN　第 2 版　丸善出版］

文　献

American Psychological Association. (2010). *Publication manual of the American Psychological Association* (6th ed.). Washington, DC: Author.

Anderson, N. D., Craik, F. I., & Naveh-Benjamin, M. (1998). The attentional demands of encoding and retrieval in younger and older adults: 1. Evidence from divided attention costs. *Psychology and Aging, 13,* 405-423. http://dx.doi.org/10.1037/0882-7974.13.3.405

Anglim, J., & Wynton, S. K. A. (2015). Hierarchical Bayesian models of subtask learning. *Journal of Experimental Psychology: Learning, Memory, and Cognition, 41,* 957-974. http://dx.doi.org/10.1037/xlm0000103

Appleby, D. C. (2015). *An online career-exploration resource for psychology majors.* Retrieved from http://www.teachpsych.org/page-1603066

Appleby, D. C., & Appleby, K. M. (2006). Kisses of death in the graduate school application process. *Teaching of Psychology, 33,* 19-24. http://dx.doi.org/10.1207/s15328023top3301_5

Baker, S. (1969). *The practical stylist* (2nd ed.). New York, NY: Thomas Y. Crowell.

Carnevale, AP., Cheah, B., & Hanson, A. R. (2015). *The economic value of college majors.* Washington, DC: Georgetown University, Center on Education and the Workforce.

Carpenter, S. K., Wilford, M. M., Kornell, N., & Mullaney, K. M. (2013). Appearances can be deceiving: Instructor fluency increases perceptions of learning without increasing actual learning. *Psychonomic Bulletin & Review, 20,* 1350–1356. http://dx.doi.org/10.3758/s13423-013-0442-z

Credé, M., Roch, S. G., & Kieszcynka, U. M. (2010). Class attendance in college: A meta-analytic review of the relationship of class attendance with grades and student characteristics. *Review of Educational Research, 80,* 272–295. http://dx.doi.org/10.3102/0034654310362998

Delaney, P. F., Verkoeijen, P. P. J. L., & Spirgel, A. S. (2010). Spacing and testing effects: A deeply critical, lengthy, and at times discursive review of the literature. *Psychology of Learning and Motivation, 53,* 63–147. http://dx.doi.org/10.1016/S0079-7421(10)53003-2

Feldman, D. B., & Silvia, P. J. (2010). *Public speaking for psychologists: A lighthearted guide to research presentations, job talks, and other opportunities to embarrass yourself.* Washington, DC: American Psychological Association.

Fine, M. A., & Kurdek, L. A. (1993). Reflections on determining authorship credit and authorship order on faculty–student collaborations. *American Psychologist, 48,* 1141–1147. http://dx.doi.org/10.1037/0003-066X.48.11.1141

Garner, B. A. (2009). *Garner's modern American usage* (3rd ed.). New York, NY: Oxford University Press.

Halonen, J. S. (2013). The worthies vs. the great unwashed: Overcoming psychology's tier problem. *Eye on Psi Chi, 17*(2), 11–12.

Holland, J. L. (1997). *Making vocational choices: A theory of vocational personalities and work environments* (3rd ed.). Odessa, FL: Psychological Assessment Resources.

［渡辺三枝子・松本純平・道谷里英訳（2013）ホランドの職業選択理論：パーソナリティと働く環境　雇用問題研究会］

Holland, J. L. (1999). Why interest inventories are also personality inventories. In M. L. Savickas & A. R. Spokane (Eds.), *Vocational interests* (pp. 87–101). Palo Alto, CA: Davies-Black.

John, O. P., Robins, R. W., & Pervin, L. A. (Eds.). (2010). *Handbook of personality* (3rd ed.). New York, NY: Guilford Press.

Kashima, Y., Foddy, M., & Platow, M. J. (Eds.). (2002). *Self and identity: Personal, social, and symbolic.* Mahwah, NJ: Erlbaum.

Kitayama, S., & Cohen, D. (Eds.). (2007). *Handbook of cultural psychology.* New York, NY: Guilford Press.

Landrum, R. E. (2005). The curriculum vita: A student's guide to preparation. *Eye on Psi Chi, 9*(2), 28–29, 42.

Landrum, R. E. (2012). *Undergraduate writing in psychology: Learning to tell the scientific story* (Rev. ed.). Washington, DC: American Psychological Association.

Larson, L. M., Rottinghaus, P. J., & Borgen, F. H. (2002). Meta-analyses of Big Six interests and Big Five personality factors. *Journal of Vocational Behavior, 61,* 217–239. http://dx.doi.org/10.1006/jvbe.2001.1854

Lent, R. W., Brown, S. D., & Hackett, G. (1994). Toward a unifying social cognitive theory of career and academic interest, choice, and performance. *Journal of Vocational Behavior, 45,* 79–122. http://dx.doi. org/10.1006/jvbe.1994.1027

Lewis, M., Haviland-Jones, J. M., & Feldman Barrett, L. (Eds.). (2008). *Handbook of emotions* (3rd ed.). New York, NY: Guilford Press.

Luzzo, D. A., Hasper, P., Albert, K. A., Bibby, M. A., & Martinelli, E. A., Jr. (1999). Effects of self-efficacy-enhancing interventions on the math/ science self-efficacy and career interests, goals, and actions of career undecided students. *Journal of Counseling Psychology, 46,* 233–243. http://dx.doi.org/10.1037/0022-0167.46.2.233

McCarthy, M. A. (2012). Toward a more equitable model of authorship. In R. E. Landrum & M. A. McCarthy (Eds.), *Teaching ethically: Challenges and opportunities* (pp. 181–190). http://dx.doi.org/10.1037/13496-016

McDaniel, M. A., Howard, D. C., & Einstein, G. O. (2009). The read-recite-review study strategy: Effective and portable. *Psychological Science, 20,* 516–522. http://dx.doi.org/10.1111/j.1467-9280.2009.02325.x

Nandagopal, K., & Ericsson, K. A. (2012). An expert performance approach to the study of individual differences in self-regulated learning activities in upper-level college students. *Learning and Individual Differences, 22,* 597–609. http://dx.doi.org/10.1016/j.lindif.2011.11.018

National Center for Education Statistics. (2013). *Degrees in psychology conferred by postsecondary institutions, by level of degree and sex of student: Selected years, 1949–50 through 2012–13.* Retrieved from http://nces. ed.gov/programs/digest/d14/tables/dt14_325.80.asp

Pashler, H., McDaniel, M., Rohrer, D., & Bjork, R. (2008). Learning styles: Concepts and evidence. *Psychological Science in the Public Interest, 9,* 105–119.

Rajecki, D. W., & Borden, V. M. H. (2011). Psychology degrees: Employment, wage, and career trajectory consequences. *Perspectives on Psychological Science, 6,* 321–335. http://dx.doi.org/10.1177/1745691611412385

Rapee, R. M., & Lim, L. (1992). Discrepancy between self- and observer ratings of performance in social phobics. *Journal of Abnormal Psychology, 101,* 728–731. http://dx.doi.org/10.1037/0021-843X.101.4.728

Ring, K. (1967). Experimental social psychology: Some sober questions about some frivolous values. *Journal of Experimental Social Psychology, 3,* 113–123. http://dx.doi.org/10.1016/0022-1031(67)90016-9

Rogowsky, B. A., Calhoun, B. M., & Tallal, B. (2015). Matching learning style to instructional method: Effects on comprehension. *Journal of Educational Psychology, 107,* 64–78. http://dx.doi.org/10.1037/a0037478

Rounds, J., & Day, S. X. (1999). Describing, evaluating, and creating vocational interest structures. In M. L. Savickas & A. R. Spokane (Eds.), *Vocational interests* (pp. 103–133). Palo Alto, CA: Davies-Black.

Salovey, P. (2000). Results that get results: Telling a good story. In R. J. Sternberg (Ed.), *Guide to publishing in psychology journals* (pp. 121–132). http://dx.doi.org/10.1017/CBO9780511807862.009

Sansone, C., & Smith, J. L. (2000). Interest and self-regulation: The relation between having to and wanting to. In C. Sansone & J. M. Harackiewicz (Eds.), *Intrinsic and extrinsic motivation* (pp. 341–372). http://dx.doi.org/10.1016/B978-012619070-0/50034-9

Sansone, C., Weir, C., Harpster, L., & Morgan, C. (1992). Once a boring task always a boring task? Interest as a self-regulatory mechanism. *Journal of Personality and Social Psychology, 63,* 379–390. http://dx.doi.org/10.1037/0022-3514.63.3.379

Silvia, P. J. (2006). *Exploring the psychology of interest.* http://dx.doi.org/10.1093/acprof:oso/9780195158557.001.0001

Silvia, P. J. (2007). *How to write a lot: A practical guide to productive academic writing.* Washington, DC: American Psychological Association.

Silvia, P. J. (2008). Interest—The curious emotion. *Current Directions in Psychological Science, 17,* 57–60. http://dx.doi.org/10.1111/j.1467-8721.2008.00548.x

Silvia, P. J. (2015). *Write it up: Practical strategies for writing and publishing journal articles.* Washington, DC: American Psychological Association.

Spirgel, A. S., & Delaney, P. F. (2016). Does writing summaries improve memory for text? *Educational Psychology Review, 28,* 171–196.

Stein, G. L., Cupito, A., Mendez, J. L., Prandoni, J., Huq, N., & Westerberg, D. (2014). Familism through a developmental lens. *Journal of Latina/o Psychology, 2,* 224–250.

Sternberg, R. J. (Ed.). (2000). *Guide to publishing in psychology journals.* http://dx.doi.org/10.1017/CBO9780511807862

Sternberg, R. J., & Sternberg, K. (2010). *The psychologist's companion: A guide to scientific writing for students and researchers* (5th ed.). Cambridge,

England: Cambridge University Press.

Thoman, D. B., Smith, J. L., & Silvia, P. J. (2011). The resource replenishment function of interest. *Social Psychological and Personality Science, 2*, 592–599.

Yue, C. L., Storm, B. C., Kornell, N., & Bjork, E. L. (2015). Highlighting and its relation to distributed study and students' metacognitive beliefs. *Educational Psychology Review, 27*, 69–78.

Zinsser, W. (1988). *Writing to learn.* New York, NY: Quill.

Zinsser, W. (2006). *On writing well* (30th anniversary ed.). New York, NY: HarperCollins.

訳者あとがき──学問を愛するためのライフスタイル

　2016年に上梓した監訳書『心理学をまじめに考える方法』（誠信書房）の「監訳者あとがき」でも述べたとおり，大学入学前に抱いていた心理学のイメージと，実際に学ぶアカデミック心理学とのギャップによる初学者の混乱や戸惑いは甚大なものです。

　一方，2015年9月，我が国の心理学界にとって積年の悲願だった公認心理師法案が可決し，昨年2018年9月には初の国家試験が行われました。まさに公認心理師時代の幕開けで，平成の時代が臨床心理士の時代だったとすれば，令和の時代は公認心理師の時代だ，とさえ持ち上げられています。反面，国家資格化を受けて，我が国における心理学教育が浅薄な資格教育に落ちぶれてしまうのではないかという悲観的見通しも，あながちまったくの的外れとは言えないでしょう。

　冒頭で述べた心理学教育における宿命的な窮状と，時代の転換点において直面せざるを得ない葛藤とは，心理学教員に対して新たな挑戦を求めていると読み解くことができます。そうした状況を踏まえると，本書は，資格教育をはるかに凌駕した水準で「学問を真剣に楽しむ」ための羅針盤となる一冊と言えます。『心理学をまじめに考える方法』を，本質を吟味するための，まさに王道を行く本格的な学問論と見なすとすれば，本書は，心理学という学問領域の本丸に突き進む前に，その準備として，まずは外堀を埋めるために読むべき「メタ学問論」として位置づけられるでしょう。目次の章立てから一目瞭然ですが，初学者がこれから心理学を専攻するうえで心得ておくべきこと，心理学を専攻する過程で身につけておくべきこと，さらには卒業後，仮に心理学から離れてビジネスの世界でキャリア形成するとしても，心理学専攻という経歴から導かれる参考にすべきことなど，行動指針となる内容がいまだかつてないほど盛りだくさんです。大学で心理学を専攻する4年間（大学院に進めばそれ以上の歳月）を心理学徒として生きるうえでの，痒

いところに手が届く実践上の指南書と呼んでもいいでしょう。また，心理学に興味関心を抱いている高校生にとっても，心理学専攻生としての自らをイメージアップするにはうってつけの1冊であるともに，入学後の4年間の座右の書となること請け合いです。

　これらの内容は，我が国では指導教員や先輩の大学院生から口承で伝えられることはあっても，そうしたテクニカルなアドバイスが体系的に1冊としてまとめられたものはこれまで皆無でした。もちろん，APAにはAPA独自の心理学観や心理学教育観があり，それを金科玉条の如く世に問うことの是非は慎重に吟味する必要がありますし，我が国とは事情が大きく異なる面も多々あるでしょう。しかし，心理学教育の先進国・アメリカにおける一大学会APAなので，公認心理師時代の幕開けを受けて全国の大学で心理学科や心理学専攻が新たに生まれつつあるまさに今の今，我が国におけるひとつのメルクマールになることは間違いありません。

　昨年，ある学会期間中に若手の先生と会食した際，本書についてご紹介し，その真髄をタイトルにあるフレーズのように翻訳できるのではないかとお伝えしたところ，その先生の口から反射的に「愛するなんて，素敵！」との感想が飛び出しました。学問領域を「愛する」という言い方には違和感を伴う向きもあるかもしれませんが，仮に「愛する」方法を具体的，体系的に詳述するとすれば，それは本書の内容に他ならないのではないでしょうか。しかも，それは安直なハウツーなどではなく，もはやライフスタイルと呼ぶに値するでしょう。

　最後に，本書の刊行に際しては誠信書房の中澤美穂さんに再びお世話になりました。記して謝意を表します。翻訳作業を進めていく最中，老舗版元編集部長と大学教員という異なる立場から，日本の心理学教育の将来についてディスカッションできたことはとても有意義でした。ありがとうございました。

　　令和元年　初秋

　　　　　　　　　　　　　　　　　　　　　　　　　　　　金坂弥起

索　引

アルファベット

Access ································ 179
ADHD ·························· 16, 164
APA　→アメリカ心理学会
APA（アメリカ心理学会）スタイル ···· 81, 151, 158
curriculum vitae ················ 145
Excel ······························ 179
GPA ··············· 44, 48, 97, 150, 159, 203
GRE　→大学院進学適性試験
LGBTQ ···························· 24
Office ······························ 179
PowerPoint ········· 121, 122, 132, 133, 156, 179
PsychoINFO ···················· 53, 73
QOL ································ 86
RIASEC モデル ··················· 181
RIASEC 職業カテゴリー ··········· 182
SPSS ······························ 156
t 検定 ······························ 85
Word ······························ 179
Z 得点 ···························· 176

ア　行

アカデミック・アドバイザー（教育支援員）···· 45
アセスメント ······················ 196
アブストラクト ····················· 74
アメリカ心理学会（APA）······· 97, 107, 155, 200
アルコール依存 ····················· 16
医学 ······················ 30, 75, 187
意思決定 ·························· 102
依存症 ···························· 102
一次資料 ···················· 67, 70, 72
一般心理学 ························ 191
遺伝カウンセリング ··············· 25, 187
遺伝学 ···························· 103

異文化 ···························· 171
異文化体験 ························ 171
因果関係 ··························· 48
インターンシップ ··········· 96, 102, 184
インパクト・ファクター ············· 76
引用文献 ·························· 137
うつ病 ···················· 16, 23, 110
　大—— ···························· 13
栄養学 ···························· 101
エクスポージャー ·················· 139
エビングハウス（Ebbinghaus, H.）·········· 51
エフェメラ ························· 73
エラー・バー ······················ 122
応用研究 ························ 15, 27
応用行動分析学 ····················· 21
オフィスアワー ·············· 29, 47, 54
オペラント条件づけ ················ 102
オンラインコミュニティ ············· 72
オンライン調査 ····················· 72

カ　行

海外留学制度 ······················ 169
外向性 ························ 136, 183
開放性 ···························· 183
カウンセリング ················ 102, 187
カウンセリング系 ·················· 196
カウンセリング心理学 ········· 15, 17, 102
化学 ······························· 75
科学者−実践家モデル ················ 16
学習 ·························· 45, 123
学習方法 ··························· 52
学術雑誌 ········ 67, 76, 87, 92, 93, 106, 112, 151
学術論文 ························ 73, 95
家族研究 ··························· 30
学会 ······················ 42, 100, 105
学会大会 ·························· 107

学会発表 …………………………… 130, 147
学校心理学 ……………………… 24, 187
学校心理士 …………………………… 25
加齢 ………………………………… 23
眼球運動 …………………………… 21
看護学 …………………………… 30, 101
感情表出 …………………………… 71
記憶 …………… 18, 51, 52, 110, 123
記述統計 ………………………… 85, 124
基礎研究 ……………………… 15, 27
気分 ………………………………… 86
逆方向検索 ………………………… 75
キャリア支援センター ……… 184, 200
求人市場 …………………………… 5
教育 ……………………………… 187
教育学 …………………………… 30, 101
教育研究アドバイザー …………… 12
教育心理学 ……………………… 24, 168
業績調書 …… 8, 97, 145, 152, 179, 191
経験サンプリング法 ……………… 157
経験抽出法 ………………………… 156
経験標本抽出法 …………………… 157
経済学 ……………………………… 175
研究アシスタント ………………… 39
研究協力者 …… 37, 38, 85, 122, 135, 154
研究計画法 ……………………… 2, 20
研究奨励制度 ………… 149, 160, 169
研究対象 …………………………… 22
研究テーマ ……………………… 10
研究方法 …………………………… 20
研究倫理 ……………………… 26, 38
研究倫理委員会 …………………… 92
研究論文 … 31, 67, 79, 80, 88, 92, 95, 125
言語 ……………………………… 18
健康心理学 ………………… 19, 168, 191
言語学 ……………………………… 30
検索練習効果 ……………………… 52
効果量 ……………………………… 65
公共政策 ………………………… 187
交互作用 …………………………… 1

公衆衛生学 ……………………… 30, 101
行動主義 …………………………… 21
口頭発表 ……… 8, 42, 101, 106-109, 130, 154
行動分析 …………………………… 21
行動療法 ………………………… 139
幸福 ……………………………… 123
個人間研究 …………………………… 1
個人内研究 …………………………… 1
子育て …………………………… 123
古典的条件づけ ………………… 102
子どもの発達 …………………… 110
子どもの肥満問題 ……………… 167
コーピングスタイル ……………… 17
コミュニケーション学 …………… 29
コミュニケーションスキル ……… 178
コミュニケーション能力 ………… 178
コメディカルスタッフ …………… 25
コンサルテーション ……………… 25
コンピューター・サイエンス …… 102
コンピューター・プログラミング …… 45

サ 行

裁判心理学 …………………………… 18
査読 …………… 69, 70, 73, 81, 92
産業・組織心理学 ……… 19, 26, 168
参考文献 …………………………… 87
散布図 …………………………… 122, 124
サンプル数 ………………………… 89
ジェンダー論 ……………………… 24
思考 ……………………………… 18
自己概念 …………………………… 18
自己効力感 ……………………… 183
実験協力者 …………… 11, 49, 178
実験系 ………………… 191, 197, 198
実習 ……………………………… 102
自閉症児 …………………………… 21
志望理由書 …………… 8, 36, 160, 191
社会学 …………………………… 24, 75
社会心理学 …… 18, 51, 56, 93, 102, 107, 108, 191
社会性 ……………………………… 23

索　引　215

——の発達 …………………………… 131
社会的相互交渉 ……………………… 17
社会的相互作用 ……………………… 21
社会福祉（ソーシャルワーク）………… 181, 187
尺度得点 ……………………………… 86
修辞学 ………………………………… 166
従属変数 ………………………… 86, 135
集団療法プログラム ………………… 163
主効果 ………………………………… 1
需要と供給 …………………………… 175
順方向検索 …………………………… 75
職業心理学 …………………………… 181
神経科学 …………………… 20, 75, 103
神経症的傾向 ………………………… 136
信号検出理論 ………………………… 69
シンポジウム ………………………… 110
信頼区間 ……………………………… 65
信頼性 …………………………… 86, 89
心理科学会（APS）……………… 97, 107, 155
心理学教育学会 ……………………… 183
心理学サークル ……………………… 96
心理学史 ……………………………… 51
心理学入門 ………………… 29, 38, 51, 57
心理検査 ……………………………… 112
心理査定 ……………………………… 110
心理統計 ………… 2, 4, 8, 20, 48, 56, 187, 196
心理臨床家 …………………… 10, 16, 179
人類学 ………………………………… 24
推薦状 ………………………………… 145
推論 …………………………………… 18
スキナー（Skinner, B. F.）…………… 21
スキル学習 …………………………… 18
ステレオタイプ …………………… 14, 18
ストックホルム症候群 ……………… 82
ストレス ……………………………… 21
スーパービジョン …………………… 196
スポーツ科学 …………………… 30, 101
生活サンプリング法 ………………… 157
誠実性 …………………………… 136, 183
聖職者カウンセリング ……………… 164

精神測定学 …………………………… 22
精神物理学 …………………………… 21
精神保健 ……………………………… 14
精神保健福祉センター ……………… 102
生物学 …………………………… 30, 103
生物学的心理学 ………………… 28, 191
生命科学 ……………………………… 103
摂食障害 ……………………………… 102
説得 …………………………………… 18
先行研究 …………………………… 87, 88
選択科目 ……………………………… 101
専門家の声明文 ………………… 163, 192
専門書 ………………………………… 70
相関関係 ………………… 122, 124, 136
相関係数 ………………… 48, 85, 122
想起練習効果 ………………………… 52
蔵書目録 ………………………… 69, 74
組織行動管理学 ……………………… 103
ソーシャルワーカー ………………… 25
ソーシャルワーク　→社会福祉
卒業論文 ……………… 34, 40, 42, 80
ソフトスキル …………………… 177, 178

タ　行

大学院 ………………………………… 186
大学院進学適性試験（GRE）…… 5, 97, 190, 191, 198, 199
態度 …………………………… 123, 166
知覚学習 ……………………………… 54
注意 …………………………………… 74
注意欠如多動性障害（ADHD）……… 16
中央値 ………………………………… 176
チューター …………………………… 156
超高齢社会 …………………………… 166
ティーチング・アシスタント …… 55, 91, 156, 197
テスト効果 …………………………… 52
データベース ……… 56, 68, 73, 74, 79, 176
展示会 ………………………………… 112
動機づけ ……………………………… 45
統計 …………………………………… 57

統計解析ソフト ……………………… 58, 62
統計的推論 ……………………………… 7
瞳孔拡大 ………………………………… 21
統合失調型パーソナリティ障害 ……… 13
動物実験 ………………………………… 21
動物の学習 …………………………… 110
独立変数 ………………………… 51, 86, 135
図書館司書 …………………………… 68, 75
努力 ……………………………………… 21

ナ　行

ニューロン ……………………………… 21
人間関係 ………………………………… 18
人間発達 ………………………………… 30
認知行動療法 ………………………… 108
認知心理学 … 18, 28, 47, 48, 56, 93, 102, 191
脳損傷 …………………………………… 21

ハ　行

箱ひげ図 ……………………………… 136
橋渡し研究 ……………………………… 15
パーセンタイル ……………………… 176
パーソナリティ ……………………… 57, 71
パーソナリティ障害 …………………… 16
パーソナリティ心理学 ……………… 71, 108
パーソナリティ特性 …………………… 19
発達心理学 …………………… 22, 33, 107, 191
ハードスキル ………………………… 178
ハブ学問 ………………………………… 13
ハンドブック ………………… 69, 71, 100
ビジネスの世界 ……………… 6, 7, 9, 173
必修科目 ……………………………… 101
人を惹きつける仕掛け（hook） ……… 135
標準偏差 ……………………………… 85, 176
剽窃 ……………………………………… 90
標本 …………………………………… 124
標本サイズ ……………………………… 65
不安障害 ………………………………… 16
フィールド学習 ……………………… 102
物質依存症 ……………………………… 16

プレゼンテーション・リモート ……… 142
フロイト（Freud, S.） ………………… 13
プロファイラー ……………………… 10, 180
プロフェッショナリズム …………… 37, 38
文化 ……………………………………… 71
文化心理学 …………………… 23, 26, 71
文献 ……………………………………… 68
分散分析 ………………………………… 85
平均値 ………………… 62, 63, 85, 122, 124, 136
平均への回帰 …………………………… 65
平方和 ………………………………… 62, 63
偏見 ……………………………………… 18
偏差 ……………………………………… 60
編著書 …………………………………… 71
法学 …………………………………… 187
法科大学院 …………………………… 101
報告言語行動（タクト） ……………… 21
法と心理学 …………………………… 18, 26
方法論的器用さ ………………………… 83
保持 ……………………………………… 50
ポスターセッション ………………… 118, 128
ポスター発表 …… 8, 42, 101, 107, 108, 110, 118,
　　130, 136, 154
ポスドク ………………………………… 32

マ　行

マイノリティ …………………………… 14
　──のための心理学 ………………… 23
マーケティング ……………………… 103
マーケティング学 ……………………… 29
マーケティング心理学 ……………… 19, 20
無意味綴り ……………………………… 51
無作為抽出 ……………………………… 65
メタ分析 ………………… 18, 48, 65, 74
メンター 12, 28, 32, 34, 37-40, 45, 78, 80, 90, 94,
　　98, 121, 123, 128, 134, 139, 158, 197, 200
メンタルヘルス ……………… 16, 162, 164
目撃記憶 ……………………………… 101
モチベーション ……………… 8, 53, 56, 134
問題行動 ……………………………… 102

ヤ　行

有意差 ·· 86
要求言語行動（マンド）····················· 21
抑うつ ·· 123

ラ　行

ライフスタイル ······················ 8, 104, 117
リサーチ・クエスチョン（研究課題）············ 23
リハビリテーション ··························· 181
リハビリテーション・カウンセリング ········· 25
量的研究 ·· 14
量的心理学 ·································· 22, 191
量的データ ·· 19
臨床系 ·· 196, 198

臨床心理学 ·············· 15, 102, 107, 163, 168, 180
倫理的行動 ·· 37
レコード ·· 74
レジリエンス ······································ 163
レビュー論文 ······························ 70, 74, 80
労働経済学 ·· 174
労働市場 ··································· 174, 184
老年学 ···································· 14, 23, 30
論文作成マニュアル ····················· 81, 100, 154

ワ　行

歪度 ··· 60
ワイヤレスプレゼンター ····················· 142
ワーキングメモリー ···························· 74
ワークショップ ···························· 106, 111

■著者紹介

P. J. シルビア博士（Paul J. Silvia, PhD）

ノースカロライナ大学グリーンズボロ校の社会心理学およびパーソナリティ心理学の研究者である。成績優秀者にだけ用意される心理学部の特別教育プログラムの責任者を務めており，学士課程における創造性やパーソナリティ，アカデミック・ライティング，職業スキルの授業を担当している。著書に，*How to Write a Lot: A Practical Guide to Productive Academic Writing*（2007），*Exploring the Psychology of Interest*（2006）などがある。

P. F. ディレーニー博士（Peter F. Delaney, PhD）

ノースカロライナ大学グリーンズボロ校の認知心理学者で，心理学部における学部教育の前の学科長である。優秀教員賞を何度も受賞したことがあり，何千人もの学生に教えてきた。人間の記憶と学習についての実験研究に従事している。

S. マルコヴィッチ博士（Stuart Marcovitch, PhD）

ノースカロライナ大学グリーンズボロ校で認知発達の研究を行っている。長年にわたって心理学の全国規模の育英会である Psi Chi の教員アドバイザーであった。また，学士課程のカリキュラム，特に心理統計や研究計画法の部門の改革を続けている。

■訳者紹介

金坂弥起（かねさか　やおき）
専門分野：臨床心理学
1965 年　神奈川県横浜市に生まれる
1997 年　九州大学大学院教育学研究科教育心理学専攻博士後期課程単位取得退学
現　在　鹿児島大学大学院臨床心理学研究科准教授
主な著訳書　『心理学をまじめに考える方法』（監訳）誠信書房 2016 年，
　　　　　　『あなたはこども？　それともおとな？』学芸みらい社 2016 年，
　　　　　　『日常臨床語辞典』（共著）誠信書房 2006 年，『フロイト全著作解説』（共訳）人文書院 2005 年，『精神分析辞典』（共著）岩崎学術出版社 2002 年，『カウンセリング辞典』（共著）ミネルヴァ書房 1999 年

P.J. シルビア・P.F. ディレーニー・S. マルコヴィッチ著
大学で学ぶ心理学
──学部生・大学院生のための専攻ガイドブック

2019年11月25日　第 1 刷発行

訳　　者	金　坂　弥　起		
発 行 者	柴　田　敏　樹		
印 刷 者	藤　森　英　夫		

発行所　株式会社　誠　信　書　房
〒112-0012　東京都文京区大塚 3-20-6
電話　03 (3946) 5666
http://www.seishinshobo.co.jp/

印刷／製本　亜細亜印刷㈱　　　　　落丁・乱丁本はお取り替えいたします
検印省略　　　　　　　　　　　無断で本書の一部または全部の複写・複製を禁じます
©Seishin Shobo, 2019　Printed in Japan　　　ISBN978-4-414-30633-0 C3011

心理学をまじめに考える方法
真実を見抜く批判的思考

キース・E・スタノヴィッチ 著
金坂弥起 監訳

人間について心の動きよりアプローチする"まっとう"な学問である心理学を真正面から論じた，批判的思考を身に付けるためのテキスト。

目次
第1章　心理学は元気です（それに，ちゃんと学問やってます）
第2章　反証可能性
第3章　操作主義と本質主義
第4章　支持証言と事例研究でのエビデンス
第5章　相関関係と因果関係
第6章　事象の統制
第7章　「人為性」批判と心理学
第8章　収束証拠の重要性
第9章　複合原因の問題
第10章　確率的推論
第11章　心理学における偶然の役割
第12章　学問の世界の哀しきコメディアン

A5判並製　定価（本体2700円＋税）

誠信 心理学辞典
[新版]

編集代表　下山晴彦
幹事編集委員　大塚雄作 / 遠藤利彦 /
齋木 潤 / 中村知靖

１９７１年『心理学辞典』、１９８１年『誠信心理学辞典』として刊行した辞典を３３年ぶりに全面改訂。従来の用語の五十音順形式でなく、心理学を２７領域に分け「総説」のあとに「大項目」「小項目」が続く、画期的な構成。

本書の特色
○心理学の全体像が見渡せる
心理学を27の領域に分け、「総説」「大項目」「小項目」の順に、より詳細に解説がなされる構成にした。
○新領域の追加
心理学検定に基づく22領域に加えて、「進化」「遺伝」「環境」「文化」「行動経済」など、今まで心理学分野として取り上げられることの少なかった領域も新たに追加した。
○人名辞典の充実
心理学で著名な研究者440名について、豊富な顔写真とともに解説。

B6判上製函入　定価（本体5800円＋税）